高僧

王开林 著

复旦大学出版社

目录

自　序　百念成灰　一事无成 / 1

何绍基　晚清首屈一指的书法家 / 5

王闿运　能让曾国藩彻夜失眠的人 / 23

易顺鼎　中国近代最善哭的大诗人 / 63

叶德辉　恶之花 / 97

八指头陀　以苦行和苦吟著称的高僧 / 127

弘一法师　悲欣交集 / 149

曼殊上人　"兵火头陀"风流情圣 / 175

百念成灰 一事无成（自序）

在中国，"名士风流"这四个字似乎满含褒赞的意思，其实未必尽然。

清代著名朴学家段玉裁对外孙龚自珍寄予厚望，谆谆告诫道："努力为名儒，为名臣，勿愿为名士。"很显然，在段玉裁看来，龚自珍做名儒和名臣要优于做名士，因为名儒被读书人敬若神明，名臣被皇帝爷倚为心腹，都有好果子吃。名士衣褐怀宝，张扬性情，炫耀才智，常在醇酒美人之间周旋，快活固然快活，但会招忌惹祸。最能说明问题的是名臣斥责名士。清末大诗人易顺鼎在广西龙州署理道台三个月，因为极力反对"裁绿营，停边饷"触怒两广总督岑春煊，被后者定性为"荒唐"，斥骂为"名士画饼"（讽刺他只是画饼样的名士，于国无用），痛加参劾。生成的眉毛长成的痣，性格决定命运，易顺鼎更乐意做不拘形迹的名士。他们在"恣肆"二字上可谓下足了工夫，想笑就笑，想哭就哭，感于风月，情及倡优，放浪形骸，自足快意。名士若走向极端，就会披猖无忌，言人之不敢言，行人之不敢行，蹈于绝境而不旋踵。叶德辉在长沙做街霸，养小白脸，包娼包赌，辱骂维新人士皮锡瑞、熊希龄和革命家黄兴，甚至写对联詈骂农会会员是"一班杂种"和"六畜成群"，一系列"高难度动作"直接断送了他的老命。

名士乐得高蹈远举，他们傲岸狷洁，与权贵打交道，词气亦不肯屈折半分。"不义而富且贵，于我如浮云"，他们念此口诀，严守底线。何绍基书法超妙，人格高尚，终生追求不俗之境。他说："所谓俗者，非必庸恶陋劣之甚也；同流合污，胸无是非，或逐时好，或傍古人，是之谓俗。直起直落，独往独来，有感则通，见义则赴，是谓不俗。"何绍基心口如一，心手如一，书法作品遂被时人和后人视为通国之宝和连城之璧。王闿运与曾国藩、左宗棠交往，尽管礼貌端端，但始终无一言谀之，无一颜媚之。他出于大义，在书信中还责备过这两位当朝大佬一个是"收人材不求人材"，另一个是"用人材不求人材"，而他身居下贱，"不与世事，性懒求进，力不能推荐豪杰,以此知天下之必不治也"。王闿运受命(当然笑纳了丰厚的润笔费)著《湘军志》,却不肯为豪强之辈隐恶遮丑,最终闹到毁版的程度,几乎尝到湘军老将们恶狠狠的拳头。由此可见,王闿运既有名士之气,亦有史家之风。迄至耄耋高龄,他被弟子杨度哄到北京,出掌国史馆,袁世凯意欲称帝,想要仰仗于国内耆宿。王翁到了京城,一看袁世凯成色太差,野心太大,立刻挂印南归,才保晚节。王闿运学问好,诗文不赖,平生交游遍天下,《湘绮楼日记》中笑料奇多,他抄书给出嫁的女儿填奁,最是可爱。

近代以来,名士多于过江之鲫,高僧从名士中化脱而出者亦不乏其人。弘一法师(李叔同)、曼殊上人(苏曼殊)和八指头陀(释敬安)颇为世人所称道。未出家前,李叔同是百分之百的名士,"二十文章惊海内",绝不是王婆卖瓜,北里名妓为之倾心,南都才子与之结社。一旦禅心开悟,即尽弃人间浮名虚誉,虔诚剃度,皈依三宝,文艺名士终成律宗高僧,这个转身极为华丽。苏曼殊身世飘零,少年出家,在出世与入世之间彷徨未定,他爱国可以舍命,爱美人爱美食同样可以舍命,这位"兵火头陀""革命和尚"实则是一位孩子气十足的名士,他自称"天下第一伤心词客",伤心是因为他在爱情的神庙里找不到自己的位置,愿望无法实现,心魔难以降服。八指头陀是苦修苦行的高僧，为了奉佛，他在佛像前的长明灯上烧断两根手指，但他最令人称道的却是诗歌。一个大字不识一箩的放牛娃，到了庙里，数年间即成为著名诗僧，与王闿运、杨度、易顺鼎这些大名家唱和，其白梅诗堪称近代诗坛一绝。"诗心一明月，埋骨万梅花"，八指头陀的诗就是佛法，他的佛法就是诗，诗禅一味，很可能这是天意成全。

20世纪20年代末，杨杏佛在上海中国公学演讲，将中国近代知识分子的角色演变归纳为"三士论"：年轻时，心忧天下，是志士；壮年时，有了声誉地位，是名士；到了晚年，吃斋念佛，是居士。表面看去，他们为国家为社会倾其所有，奉献了毕生精力和全部才华，其实百念俱废，一事无成。"英雄到老终归佛，名将还山不言兵"，这副联语不仅变成了某些大人物的遮羞布，而且变成了他们的免战牌，将它堂而皇之地挂在家门口，众人就得朝它焚香叩头，赞叹之不足则艳羡之，艳羡之不足则膜拜之。要知道，在龙钟古国里，集志士、名士、居士于一身的高寿老翁必定被尊崇为"国宝"和"人瑞"。

名士高僧，参差多态，未可一概而论。但也有其共同点：名士的成色越足，则底气越足；高僧的天机越深，则道行越深。这个结论大致是不会错的。

何绍基
晚清首屈一指的书法家

艺术，唯有真正的艺术，才是生命的不死药。

庄子在《逍遥游》中说:"风之积也不厚,则其负大翼也无力。"何绍基(1799—1873)充盈的底气由多方面合成:他出身于书礼簪缨门第,父亲何凌汉早年孤寒,发愤求学,晚上点不起灯烛,便用松枝照明。嘉庆十年(1805),何凌汉参加殿试,被钦点为一甲第三名(俗称探花),此后官运亨通,以户部尚书致仕,予谥文安。何凌汉为人严谨有度,不欹(qī,倾斜)坐,不疾行,独步必敛容,恒将周敦颐、程颐、程颢、张载、朱熹的画像悬挂于斋壁,早晚馨香礼拜。如果何凌汉只会做官,只讲理学,就不值得我浪费笔墨了,他还是一位名重海内的书法家,这给何绍基提供的正能量太大了。一个艺术家有深厚的家学渊源,往往更容易成大器。年轻时,何绍基得到学界名流、政界要人程恩泽和阮元的青眼赏识,被赞为"无双国士"。他遍交天下英才,与林则徐论书,与龚自珍酬唱,与魏源评议国是,与邓显鹤砥砺志节,与曾国藩切磋学问,与左宗棠、胡林翼鸿雁往还,师友的成色如此之高，精神境界又怎会落于下乘？先天资质上佳，后天精勤不辍，何绍基命中注定要取得常人难以企及的艺术成就。你夸他才华横溢，学识丰赡，保准不差毫厘。他还欠缺什么？我真想不出他还欠缺什么。也许，他还欠缺一点运气。

何绍基是贵介公子，却并非纨绔子弟，他要跻身士大夫行列，摆明了有三条路可行：一是学而优则仕；二是捐钱买个功名；三是耐着性子、厚着脸皮等着荫封（在专制社会里，高干子弟特有的好处，尊亲死后，子弟好赖可以弄个官儿当）。比较而言，走第一条路够险，走第二条路够俗，走第三条路够浑。何绍基自尊自强，让他挑选，他也只可能挑选科举入仕这条最险最黑的路，可说是高空走钢丝，黄昏过独木桥。何绍基十八岁初进闱场（科举时代考场），他的诗够好，书法够棒，八股文却总有点不着调。道光二年（1822），何绍基第二次落第，因为与好友魏源同病相怜，他作了一首七绝《柬魏默深》，以抒发内心的怅惘之情：

蕙抱兰怀只自怜，美人遥在碧云边。
东风不救红颜老，恐误青春又一年。

魏默深即大思想家魏源，他在科举的泥泞路上滑跌的时间特别长,直到五十二岁才考中进士,难怪他忍不住要在致湘中名士邓显鹤的书信中自我调侃,说什么"中年老女,重作新妇"。

据刘禺生《世载堂杂忆》所记,何绍基早年放荡不羁,并非标准的读书种子。二十四岁那年,他与父亲何凌汉一同入京,路途乘舟,多有闲暇。于是何凌汉兴致勃勃,用四书五经的内容考试何绍基。没想到何绍基平日学业荒歉,此时疲于招架,破绽百出。何凌汉怒不可遏,额上青筋突暴,捋袖挥掌,接连打了何绍基二十个耳光,将他驱逐上岸,对着他的背影吼道:"不可使京中人知我有此子,以为吾羞!"何绍基回家后,洗心革面,闭关苦读,终成一代奇士。这个故事与苏东坡的父亲苏老泉(苏洵)二十七岁才用功读书如出一辙,但额外的二十个耳光和一声棒喝则是精彩好料,确实鞭策更狠,回味更足。

直挨到三十七岁,何绍基方才铁树开花——中了解元(乡试第一名)。这回得意,他真有点忘乎所以了。在《杂书绝句》一诗中泄露出真性情:

为近重阳苦忆家,安排鳌盏是生涯。
清风大月秋无价,买得雏姬当菊花。

有年轻的美人相伴左右,那年的重阳节肯定是他一生中过得最快意的重阳节。虽说是"苦忆家",想必也不会像"独在异乡为异客,每逢佳节倍思亲"的盛唐诗人王维那样神思惆怅,念叨着"遥知兄弟登高处,遍插茱萸少一人"。

考场如赌场,撞上大运,成为赢家,没有不开心的。何绍基中了解元,再联捷中进士(殿试二甲第十一名),他夜夜梦里都该欢笑三声。蹉跎了整整十九年,四度名落孙山,四度去意徊徨,这次总算是渡过了苦海,登上了码头。

四十而不惑,何绍基得授翰林院编修一职,前程似锦。此后,他的步调相当稳健:四十一岁出任福建乡试副考官,四十六岁出任贵州乡试副考官,五十一岁出任广东乡试副考官。在清朝,京官赴各省典试,好处(且不算收取大笔礼金)至少有两个方面:一是可以做房师,门生弟子满天下,既树艺了人才,又拓展了人脉,培植了一股潜在的政治势力;二是可以借此机会游历名山大川,开阔眼界,涵养精神。可资佐证的是,何绍基出任考官的年份,他的诗兴更浓,诗量也更丰,像他那样有艺术情怀而又热爱大自然的诗人,只要"赊"得青山秀水,笔下就会有百倍的神韵。

十余年清贵翰林、史官当下来,何绍基考绩良好,官声清白。于是,朝廷决定任命他为四川学政,将他放到基层去锻炼一番，只要他在三年任期内不捅娄子，日后升迁就不愁没有阶梯。咸丰元年（1852）八月，咸丰皇帝先在圆明园后在乾清宫两次召见何绍基，不仅垂询了他的家世，而且交流了经、史、书法和文字学方面的意见，还询问了湖南被太平军攻破后的种种情形。谈话的时间不短，气氛也很融洽。想必那位素以苛察为能的皇帝对这位即将外任的翰林编修评分不低。

何绍基入仕多年，一直身居清贵闲散之地，对官场厚黑学领悟不深，对那套尔虞我诈、互相倾轧的官场作风缺乏真切的体验。他秉性耿直，行事规矩，方正有余，圆通不足，因此在处世待人方面远不如其父何凌汉那样长于应对，达于机变。他一心一意要为地方办实事，愿望好，热情高，但难免操之过急，整顿考场，平反冤狱，劾罢贪官，必然会惹恼某些权贵，得罪某些要员。于是，身边掣肘的有之，脚下使绊子的有之，背后放冷箭的也有之。他越想有所建树，就越觉得孤立无援，越感到苦闷难消，倒是那些只做官不做事的人乐得逍遥，非常滋润。他对这种弊政实在忍无可忍了，于是剀切上书，缕陈时务十二事。咸丰皇帝生性阴沉，颇有点神经质，哪里听得进逆耳的忠谏？他即位以来，太平军在南方闹腾得开了锅，祖宗传下来的江山社稷都快缩水一半了。

乌鸦天天叫，坏消息天天揪耳朵，他的心情能好吗？眼下，他披阅完四川学政何绍基呈上的这本专门挑刺的奏折，自然气不打一处来。龙颜震怒了，何绍基的仕途也就亮起了红灯，他终于为自己的"肆意妄言"付出了高昂的代价。

"锦城虽云乐，不如早还家"，性情洒脱不羁的李白尚且在《蜀道难》中发此感叹。以何绍基此时的心境，他就更有理由高唱陶渊明的《归去来兮辞》了。成都士民尊崇他的人品学问，苦苦挽留，打算集资创建草堂书院，聘请他主讲其中。诚意可感，何绍基仍然婉言谢绝，他想早一点离开这片伤心之地。他总算看清，官场的腐败已难有整肃的可能，昏聩的朝政还将继续跳水，万方多难的局面只会更加恶化。深夜扪心，他反复自问：一介儒生，读圣贤书，所为何事？进则兼济天下，可是眼前进无可进，进一步断崖千尺；退则独善其身，所幸脚下退犹可退，退一步海阔天空。昔年，何绍基"将身货与帝王家"，如今，他决意将它赎回。只可惜他在家乡道州（今湖南道县）精心营建的东洲草堂已毁于洪杨兵火，就算他想"白发渔樵江渚上"，也已是好梦难圆。

江西诗派的祖师爷黄庭坚论诗时曾说："临大节而不可夺谓之不俗。"是真诗人，是真名士，必然是不俗的性情中人。对于"俗"与"不俗"，何绍基在《使黔草自叙》中另有睿智高明的发挥：

> 所谓俗者，非必庸恶陋劣之甚也；同流合污，胸无是非，或逐时好，或傍古人，是之谓俗。直起直落，独往独来，有感则通，见义则赴，是谓不俗。

这既是论诗，也是论人。何绍基最喜欢的生活方式是"凉宵命酒，伏案围棋，明窗小楷，击节高歌"，他生性洒脱不羁，胸次旷达浑穆。闲暇时节，与客人聊天，他谈锋极健，侃侃穷日夜。然而，若非他心悦诚服，即算是著名的公卿贵胄，他也不肯随便推许，比如他对包世臣汲汲于功名的人品和好为大言的学问就嗤之以鼻。至于才艺出类拔萃之士，他总是青眼相加，乐意与他们痛饮白酒，一醉方休。他喜爱宋诗，欣赏苏东坡、黄庭坚，更胜过欣赏李白、杜甫，因为苏、黄"胸有积轴气味（即书卷气）"，作品洋洋如海波奔注，能"摆脱窠臼，直透心光"，蕴含奇趣和闲情。何绍基终生恪遵黄庭坚反讪谤的诗教，"一切豪诞语、牢骚语、绮艳语、疵贬语，皆所不喜，亦不敢也"，如此敦厚温柔，其诗中自然就没有了"高音部"，没有了"酒精"，没有了"毒药"，一味的清新素雅，表现自然精神和艺术情怀，喜欢白居易的人大抵是不会太喜欢他的。每当何绍基的新诗集出炉,分赠友人时,他总不忘一再叮嘱:"只许骂,不许赞!"真是憨态可掬。

何绍基的性情自有极认真的一面。他中年(四十三岁)丧父,为了卜寻一块风水上乘的墓地,他居然不惮烦劳,煞费苦心,钻研了多种堪舆学(风水学)要籍,等到心中有谱,便手捧罗盘,冒雨跋涉,走遍长沙县东西南北四乡,最终葬父于河西九子岭。

"读万卷书,行万里路",何绍基一生行止总离不开这八个字。他身强体壮,精力过人,游踪遍海内。平日他脚著芒鞋,头顶箬笠,只要遇着好山好水,便徜徉自适。王安石曾在《游褒禅山记》中说:"……世之奇伟瑰怪非常之观,常在于险远,而人之所罕至焉。故非有志者,不能至也。"何绍基是一位真正的有心人,他不肯自安于卑陋,一有闲暇,就喜欢去奇山秘壑寻幽探险。暮年,他作《野性》一诗,仍满怀风月。

嵩洛归来狎薜萝,山巢粗构息心窝。
无端野性随春发,万叠奇山入梦多。

在大自然中,何绍基从未有过望而怯步的时候。五十七岁时,他因直谏丢官,却并没有闭门谢客。躲在黑屋子里长吁短叹，静等生霉，这不合他的心性。他有更好的验方——去游览峨眉山附近人迹罕至的瓦屋峰。在高可蔽日的磐石古木中穿行，听怪鸟的磔磔（zhé zhé，古代的一种酷刑，把肢体分裂）惨叫，闻老猿的凄凄哀鸣，真可谓惊心动魄，同伴面色苍白如鬼，他却谈笑自若，诗兴酽浓。过了春节，他又远赴三秦故地，赶在元宵之前登览华山。他从山巅眺望茫茫神州，念及扰攘国事，情不自禁，在绝顶怆然而泪下。何绍基一生作诗一千六百余首，其中有将近四成与游历有关，耿耿胸臆，磊落跌宕。晚清名士邓显鹤对何绍基笔下满掬山水精神的诗歌评价极高，"二百年推此笔少，七千里破古天荒"，这确实不算谬奖。曾国藩早在道光二十二年（1842）十一月致诸弟书中就对何绍基赞不绝口，预言他将成为不朽的人物："盖子贞之学长于五事：一曰《仪礼》精，二曰《汉书》熟，三曰《说文》精，四曰各体诗好，五曰字好。此五事者，渠意皆欲有所传于后。以余观之，此三者余不甚精，不知浅深究竟何如。若字，则必传千古无疑矣。诗亦远出时手之上，而能卓然成家。"曾国藩素以知人著称，他的话果然应验如神。

清代以前，湘地的人才少得可怜，通观《全唐诗》，也只有屈指可数的几位三、四流诗人在文学史上偶尔露一小头，比如李群玉（湖南澧县人）、刘蜕（湖南长沙人）这样轻量级的选手。倒是唐代的两位书法家为湖南争了脸，欧阳询（湖南临湘人）号称唐初四大家之一，他的楷书在清朝颇受官方推崇，《九成宫醴泉铭》碑帖至今仍是习字者的范本。怀素（湖南永州人）的狂草独步天下，连大傲哥李白也赞不绝口，特为他作《草书歌行》，道是"墨池飞出北溟鱼，笔锋杀尽中山兔"，认为怀素不师古法而浑然天成的草书比王羲之、张芝和张旭的草书更可贵，这一评价不可谓不高。

何绍基是名诗人，更是大书法家，他的诗名一直为书名所掩，他的书法作品具备苏东坡所称道的"端庄杂流丽，刚健含婀娜"的韵致，确实太优秀了，难怪众人一想到他，满眼就是挥斥方遒的铁画银钩。

学书初期，何绍基每天都要凝神悬腕，临摹颜真卿的擘窠（bò kē，泛指写在招牌、匾额上的大型字）大字五百个，行有余力，再旁及篆书和隶书。后来，有人问他："你为何不取法乎上，以书圣王右军（王羲之）为师，却如此推崇颜鲁公（真卿）？"他回答道："晋代距今一千五百多年，王右军的神品真迹不容易见到，流传下来的都是一些多方辗转的摹本，要想从中找到王右军的不二法门，谈何容易？颜鲁公的天赋和资质虽比王右军稍逊一筹，但他的大字真力弥满，浑然天成，何况唐朝距今时间更近，他的碑帖仍完好无损，非常适合临摹。颜鲁公为人刚正不阿，我欣赏他的书法就如同亲见他的真容，书如其人，人如其书，人品高尚，书品高华，在他身上达到了高度的融合。王右军神龙见首不见尾，一般人只能够学到他的皮毛，表面上固然好看，骨子里却提拎不起，这就叫'妍皮裹痴骨'。赵孟頫等人画虎成猫，就是患上了这类'痹症'，太可惜了。"何绍基认准书法关乎心性，丝毫马虎不得。

弱冠时，何绍基就穷本溯源，刻苦钻研《说文解字》，涵泳沉潜，用志不纷，深深体察到篆书的奥妙所在。他学习颜鲁公，悬腕作藏锋书，日课五百字，形体大如碗盏。一旦扎牢根基，他就留意北碑方整厚实、沉雄峭拔的特色，吸取汉魏笔法，入蔡伯喈之篱垣，窥"张黑女"之堂奥，气格自是不凡，腕力自是不弱。"往往一行之中，忽而似壮士斗力，筋骨涌现；忽又如衔杯勒马，意态超然。非精究四体，熟谙八法，无以领其妙也。"难能可贵的是，何绍基一生书写楹帖以数千计，不仅语妙天下，而且句无雷同。

《新世说》的作者易宗夔赞誉何绍基为嘉庆、道光以后海内第一书家。与何绍基同时代的书法家赵之谦感叹道："何道州书有天仙化人之妙，余书不过著衣吃饭凡夫而已。"赵之谦若非真心推崇，不可能如此誉人而自贬，很显然，他对何绍基的书艺由衷钦佩。何绍基长年研究名帖,终生揣摩古碑,临池不倦,学艺不休。尤其难能可贵的是,他晚年变更法度,自出机杼,求意境,求创造性,求个性发挥,力求独辟门户,颇有大器晚成的雄心。六十岁时,何绍基苦练隶书,化隶入楷,扫除积习,不落晋唐窠臼,从此卓然有成,高峰耸峙。何道州的书法龙飞凤翥,气苍骨劲,可谓超迈入神。书法家曾农髯曾称赞七十岁后的何绍基:"下笔时时有犯险之心,所以不稳;愈不稳,则愈妙。"其灵蛇入草、神龙飞天的意境与其一生孜孜不倦的追求密不可分。

当年,何绍基的书法作品被有识者视为通国之宝和连城之璧,其足迹所至往往绢素如山,门庭若市,求字者唯恐不能如愿。他从不摆谱,算得上有求必应,即使是乡下人求他写对联,既无好纸张,又无好笔墨,他也照样笑呵呵地挥毫。流传最广的一则轶事是:湘军大将郭松林五十大寿时请何绍基撰联一副,这有何难哉?何道州本就是楹联高手,再加上书法天下独步,这副寥寥十字的寿联极尽恭维之能事:"古今三子美,前后两汾阳。"文则将郭松林与唐代诗人杜甫、宋代诗人苏舜钦(三人均字子美)并称,武则将郭松林与平定安史之乱的唐代大将、汾阳王郭子仪并举(两人同姓郭)。此联评价之高令郭松林心花怒放,赏金之重(一千两银子)

也同样令何绍基心满意足。然而,世间之大,无奇不有。一次,何绍基去永州探访好友杨翰,离城数里,饥肠辘辘,就近在村店里对付着吃了点东西,结账时,这才发现钱荷包放在行李中,已由仆人送进城去,于是他提出写一幅字充作这顿饭钱。可他万万没想到,店主是个既缺心眼又少见识的二愣子,竟然不知道何道州的墨宝值人价钱,还以为这位装束寻常的老夫子是骗吃骗喝的,差点动了粗口。无奈之下,何绍基只好抵押一件衣服了事。杨翰听闻此事的本末,忍俊不禁,出言打趣道:"何先生的书法闻名天下,价值连城,居然也有管不够一顿粗茶淡饭的时候?"这个笑话很快就传开了。此后,那些上座率高的饭庄都以悬挂何道州的墨宝为荣。

清末小说家李伯元的《南亭笔记》处处描写如画,其中有一则《何子贞狷洁自好》,大意是:何绍基不作兴给僮仆发工资,逢年过节,大笔一挥,写若干副楹联分赠给他们,算是结账。何家僮仆售联所得的进款反而较别处为优,因此皆大欢喜。道州盛产芰荷,何绍基经常赠送种子给友人,曾有一位太守用二百两白银和一大瓮惠泉水还礼,他便将白银退掉,留下一大瓮清泉沏茶。何绍基是真名士,不愿接受繁文缛礼的拘束,他曾于夏日拜访本省巡抚,竟然不修边幅,葛衫蕉扇,赤足芒鞋,与之携手偕行。某提督奉上百两纹银润笔费,准备了极精致的扇面,向何绍基求书,谁也没想到,何绍基题写的四个字竟是"暴殄天物",某提督大惊失色,面子仿佛烂酒旗都快挂不住了。与此相映成趣的是,晚清大书法家翁同龢对索字者穷于应付,也曾给某京卿的扇面题写了"山穷水尽"四字,遂使排队索字者望而生畏,裹足不前。

何绍基五十六岁时自号为"猿叟",作《猿臂翁》一诗,叹息道:

笑余惯持五寸管,无力能弯三石弓。
时方用兵何处使?聊复自呼猿臂翁。

真要是再年轻一点(何绍基比曾国藩大十二岁,同属羊),说不定这位"猿臂翁"也会成为湘军中的重要一员吧。

何绍基是诗人、是书法家,也是教育家。他五十四岁出任四川学政,任职三年,致力于提携蜀地人才,重开学术风气,颇有绩效。"湘人常为蜀人师"的话是不错的,后来王闿运入蜀讲学,培养出了一大批敢为天下先的血性人才,其中有学术界的革新者廖平,还有"戊戌六君子"中的刘光第、杨锐。何绍基晚年主讲山东济南泺源书院(三年多)和湖南长沙的城南书院(八年),得天下英才而教育之,获得了莫大的欣慰。

同治九年（1870）五月，两江总督曾国藩和浙江巡抚丁日昌特邀七十一岁的何绍基到扬州书局主持校勘大字本《十三经注疏》。他殚精竭智，保证了这部鸿编巨著的权威性。

做人则方方正正，不亏心术；做官则清清清白白，不亏良知；做艺术家则潇潇洒洒，不亏境界。何绍基的境界可浓缩为这样八个字：精骛八极，心游万仞。晚年，他撰写的一副联语饶有自况的意味：

万顷烟波鸥世界；
九秋风露鹤精神。

"鸥世界"该是自由的世界，"鹤精神"该是洒脱的精神，这无疑是何绍基毕生向往和追求的最高艺境和心境。其芳洁的人格投射在他的诗歌和书法创作上，形成了永不磨灭的光辉。艺术，唯有真正的艺术，才是生命的不死药。一个多世纪的岁月流水淘去了无数英雄豪杰，何绍基的诗歌和书法作品却越淘越亮，至今仍鲜灵灵地活着，这就足够了。足够了。

王闿运

能让曾国藩彻夜失眠的人

能让曾国藩彻夜失眠、方寸大乱的人有三：一是洪秀全；二是慈禧太后；三是大才子王闿运。

据稗史称，举世之中总共只有三人能让修心功夫超一流的选手曾国藩彻夜失眠，方寸大乱。这三人是谁？一是洪秀全天王，曾国藩视这位太平天国的头号首领为眼中钉，肉中刺，一日不除，则寝食难安；二是慈禧太后，她垂帘听政，寡妇治国，猜忌的本领天下独步，曾国藩自知功高震主，头顶有悬剑，又怎能睡得安稳踏实？三是大才子王闿运（1832—1916），他坚执帝王学，游说曾国藩，嘴皮磨薄，口水耗干，终于撩启了后者对御座的觊觎之心，但曾国藩谨慎有余，胆魄不足，夜里熄了灯，蒙着被子想一想，都会肝儿颤，胆儿寒，魂儿惊。洪秀全与慈禧太后是何等人物？已不必我来多言费词。至于王闿运，他是晚清第一流名家，可是如今许多读书人对他的身世和学行茫然不知。健忘的时间喜欢开玩笑，原属正常，这一回它把玩笑开得实在太离谱了，让人感到莫名其妙。

我喜欢王闿运，一是他够硬，腰杆硬，膝盖硬，笔头硬；

二是他有趣,有逸趣,有雅趣,有谐趣。按理说,"硬"与"趣"二字最难调和,性情耿硬的人通常趣味鲜少,而趣味丰富的人则多半骨头酥脆。儒家文化是灼热的铁板,士子的那一点幽默感早就在上面焙烤得焦枯了,若真要找有趣的人,又不想找得太辛苦,就只好往俳优(演员)队里去寻。王闿运堪称异数,他是大学者中有趣的硬骨头。

王闿运早著才名,他丰神秀隽,英气勃发,虽然是泥木匠之子,却文质彬彬,颇得塾师蔡先生的赏识。王公子尚未琴挑,蔡小姐暗自属意,蔡先生旁观者清,宝贝女儿对王闿运暗倾香怀,他心中窃喜,乐观其成。这老父亲蛮会绕弯子,他不打算亲手捅穿这层糊窗纸,而要自家老妈——也就是女郎的祖母——出面探探河风。颤颤巍巍的老祖母乐了,有意无意间对女郎说:"湘潭的王生,文才人品都蛮好,只可惜太穷了。"女郎低头笑道:"穷一点也没什么关系的,家和万事兴嘛。"老祖母见她心有所属,赶紧就汤下面:"那你愿不愿意嫁给这位穷秀才?"女郎两颊绯红,沉吟顷刻,然后难为情地点了点头。女郎开心,家人又不反对,一桩男才女貌、共偕连理的美事水到渠成。专制社会向来重礼轻情,能这样子旧瓶(礼)装新酒(情),于两心相悦的男女而言,可算异常圆满了。蔡小姐名菊生,知书达理,能背诵《楚辞》,

有咏絮之才。王闿运与蔡小姐订婚当夜，他梦见庚帖上写着一个"媞（shì，灵巧、聪慧）"字。婚后，他岂肯错失良机？赶紧以"梦媞"作为蔡夫人的别字，就好像在房门上扣了一把结结实实的黄铜锁，方才心安。于情于爱，莫非他能先知先觉？

结了婚，首要的事情莫过于营巢，王闿运在湘潭修建了一栋瓦屋，取名为"湘绮楼"。说是楼吧，其实只是平房，筑在湘江之滨，他想吹点牛，也可说是"窗含西岭千秋雪，门泊东吴万里船"吧。

"人不风流枉少年"，常人如此，才子尤有过之。王闿运一生喜爱壮游，多行则必有艳遇。在岭南，王闿运与一位才貌双全、积资数万的名伶相见倾心，这位名伶择偶，颇有出奇之处，她不愿做达官富商之妻，甘愿为才子名士之妾。王闿运为这位红颜知己取名"绿云"，相携隐居于石门山中，十二载治经生涯有得绿云陪伴，红袖添香，白天写经注，晚上听昆曲，心情怡悦赛过活神仙。王闿运的艳福不止羡煞天下文人骚客，连七位湘籍巡抚也都纷纷写信给他，表示由衷的歆慕。"纳一妾而名动七巡抚"，这无疑是王闿运压箱底的炫耀资本。

王闿运平素特别讨厌那些束身害性的陋儒，曾作《拟曹子桓》一诗，诗中有句："高文一何绮，小儒安足为！"好一个"绮"字，这是王闿运极高的自许。曹子桓即魏文帝曹丕，若论文学才华，可算是历代帝王中的前三名高手，此人另有出奇的地方，竟然将文章视为世间的宝中之宝，重中之重。他在《典论·论文》中说得既动情又认真："文章经国之大业，不朽之盛事。年寿有时而尽，荣乐止乎其身，二者必至之常期，未若文章之无穷。"王闿运自封为"湘绮楼主"，其属意于名山事业的初衷昭昭可见。然而，命运另有安排。

初试牛刀

王闿运是典型的读书种子，年纪轻轻，对功名心存向往，志在必得。但急转直下的时势逼迫他跳出象牙塔，快步走向江湖。太平军的先锋部队一路北上，如猛虎出柙（xiá，关猛兽的笼子），锐不可当，官军不敢鏖战，更别说短兵相接，一路溃败，太平军冷不防就打到了长沙城下。当时，王闿运正在城外游玩，强寇入境，仓皇而归，城门已经关得严严实实，幸遇熟人巡逻，用篾箩将他吊进城去。安静的书桌在湘绮楼是摆不下了，他预感到风云际会，功业就在眼前。他先是上书言事，结识了曾国藩。那是咸丰四年（1854），王闿运二十三岁,曾国藩四十四岁,王闿运是布衣,曾国藩是公卿,年龄和地位均相差悬殊。王闿运大开大阖的文笔以及不卑不亢的态度,给曾国藩留下了深刻印象,也许后者心里时不时还会跳出四个锣鸣鼓响的字来:"后生可畏"。1857年3月,曾国藩丧父,王闿运前往湘乡吊唁。1858年6月,曾国藩重返前线,他专程到长沙送行。这年深秋,王闿运只身前往驻扎在江西建昌城外的湘军大本营。去时,他听到消息,李续宾统领六千精锐之师骄兵冒进,已被太平军全歼于三河镇。经此大败亏输,湘军刚刚抬头的士气又如同遇冷的汞柱一样迅疾回落。曾国藩履薄临深,一筹莫展。王闿运在帅府仅待了短短三天,却有两次与曾国藩谈到半夜,倘若话不投机,这对忘年之交的谈兴岂能如此浓厚?

王闿运一生的辉煌时期是从二十五岁到五十五岁。他二十五岁考中举人,先是结交了湘中第一人曾国藩,随后结交了朝中第一人肃顺,再后结交了川中第一人丁宝桢。王闿运的老同学龙汝霖受聘为户部尚书肃顺的家庭教师,经他引荐,肃顺与王闿运结为布衣之交。肃顺是郑亲王乌尔棍布第六子,其父强娶美艳回女,伤害岳父母性命,终得落头疽而死。肃顺即回女之子,少年时狭邪无赖,以酒食鹰犬为乐,成人后革面洗心,慨然有澄清天下之志。肃顺性格凶悍,敢于任事，而且铁面无私，深得咸丰皇帝的信任。可他恃宠而骄，居然擅坐御椅，擅用皇宫器物，仅此两项妄为，依律就该杀头，后来也确实成为了他被凌迟处死的罪状。为了打击政敌，树立个人威望，肃顺欺蔑同列，下手凶狠，戊午科场案，竟置军机大臣、大学士柏葰于死地，株连甚广，破家者无不恨之入骨。肃顺大开杀戒，可谓"积玩之下，振之以猛"，虽为自己埋下了祸根，但客观地说，他的做法并不算错。朱作霖为毛祥麟的著作《对山书屋墨余录》作跋，即就此案为肃顺讲了几句公道话："科场舞弊，例禁綦严，恐碍寒畯进身也。此案法行于贵近，虽阁部大员，蹈此亦不姑恕。乾纲一振，士气皆伸，实足为乡会维持风气。"相比而言，今日各地司法部门对公务员考试中的舞弊行为就姑息太甚，惩罚太轻了。

　　肃顺有魄力，也很能干，为挽救艰危的时局，他延揽的精英不在少数，借此广收众望固然有之，对国家的裨益则是实实在在的。肃顺常说满人糊涂不通，只知要钱，不能为国出力，所以他待满人远不如待汉人厚道，满人多有与之结怨成仇者，连恭亲王奕訢也与他积不相能，暗中较劲。肃顺爱才若渴，慧眼识珠，尤其推服楚贤，他救助过左宗棠，保全过曾国藩，对王闿运也很器重，甚至纡贵降尊，愿与年轻的湖湘才子义结金兰，还打算出钱为他捐一个郎官。王闿运是明白人,他深知,肃顺置身于政治斗争的大漩涡中,发力太猛,树敌太多,自信太过,自己若死心塌地投靠他,很可能会沦为鼎鱼幕燕,惨遭断颈之灾。同时,王闿运接好友严正基来信,规劝他离开京师,并以严厉的语气发出警告:你若重蹈柳宗元攀结大臣、急于求进的旧辙,必开招祸之门,困顿而死。严正基言之深切,王闿运为之动容,随后他就托故去了山东济南。没多久,咸丰皇帝驾崩于热河,以肃顺为首的八位顾命大臣果然结局悲惨,怡亲王载垣、郑亲王端华被赐死,肃顺被凌迟,其他五人最幸运的发落也是革职。

肃顺被处死后,人人都想撇清与此公的关系,王闿运却不肯忘恩负义,他说:"人诋逆臣,我自府主!"意思是,人人都说肃顺是逆臣,我却认他为府主(王闿运在郑亲王府出入过,故有此说)。同治十年(1871),王闿运在京参加会试,回湘之前,还特意存问过肃顺之子承善,可谓念旧有心。

有人说,在肃顺面前,王闿运极口揄扬过曾国藩。他分析日益艰窘的东南战局,指出骄惰的绿营军早已不堪一击,时下唯有曾国藩统领的湘勇可以凭仗。然而曾国藩处处受地方官掣肘,难以施展百分之一的才能,若不赶紧给他号令东南的军政大权,这支劲旅很快就会在内部消耗殆尽。这条意见对肃顺和咸丰皇帝触动不小。清初撤除三藩后,不再轻易任用汉人为手握重兵的封疆大臣，曾国藩能以兵部尚书衔署理两江总督（辖区为江西、江苏和安徽三省），固然是东南危局成全了他，亦可谓众望所归。这奇数也与王闿运在京都大锅热炒的宣传手段多少有些关系。王闿运在《湘绮楼日记》中撇清过此事，认为是"世人之好刻画无盐"，但他为曾国藩说过话，应在情理之中。

王闿运游说曾国藩，除了出于公心，也挟有私念。他一直渴望施展平生所学（帝王学），现在终于遇到千载难逢的大好时机，岂肯失之交臂。所谓"帝王学"，"其中最重要的内容有帝王如何驾驭臣下，权臣如何挟帝王以令群僚，野心家如何窥伺方向，选择有利时机，网罗亲信，笼络人心，从帝王手中夺取最高权力，自己做九五之尊"①。帝王学的关键在于"借权"。试想，一介书生孤悬于世，究竟能够有多大能耐？若非附草依木，假手于人，则大志难伸。纵横家必须凭仗三寸不烂之舌说服多角权力斗争中的某一方，通过这位大佬的明智决策，去实现自己的政治理想。

曾国藩已经完全掌握苏、皖、赣三省的政权、军权和财权，这是王闿运巴望见到的局面。他风尘仆仆，不顾酷暑的毒热，赶到驻扎在安徽祁门的湘军大本营。王、曾的秘密会

---

① 唐浩明《帝王之学：封建末世的背时学问》。

谈到底谈了些什么,已成千古之谜,后人不得而知。《湘绮楼日记》起始于同治八年(1869),此前的线索已经无从寻获。但从曾国藩咸丰十年(1860)六月初十到八月十八的日记中,我们尚可寻获蛛丝马迹。在这七十天中,曾国藩与王闿运十四次久谈,其中七月十六日一则:"傍夕与王壬秋(王闿运字壬秋)久谈,夜不成寐。"而到了八月中旬,曾国藩收到弟弟曾国荃和湘军将领李元度的信,提醒他"文人好为大言,毫无实用者,戒其勿近"。若只是寻常的聊天,曾国藩何至于通宵失眠?曾国荃等人又何至于紧张兮兮?

王闿运试图说服手握重兵的曾国藩养寇自用,不急于攻打太平军,将天下大局逐渐导向三足鼎立之势。清王朝根基已朽,太平天国内耗严重,唯有湘军的势力如日方中,先坐观成败,然后徐图进取,最终收拾残局,江山之主即可由爱新觉罗改姓为曾。对于王闿运所陈的大计,曾国藩肯定动了心,但他缺乏盖世英豪的胆魄,而且长期浸淫于宋明理学,臣忠子孝的思想沦骨浃髓,中毒太深。他原本不是非常之人,又岂敢行非常之举?一句话,他曾老夫子好不容易混到今天这样有头有脸,人生百年,又何苦去冒那身败名裂的极大风险呢?

王闿运这样劝人"豪赌"的做法历史上早有失败的先例。

秦亡未久，天下逐鹿，蒯通曾游说一代名将韩信（这人可不是胆小鬼），大意为：楚汉相争正酣，将军乃是胜负的枢纽，全力助汉则刘邦坐收社稷，倾心援楚则项羽立得江山，拥兵自重则楚汉都要反过来瞧你的眼色行事，这正是建立霸业的千载良机。然而韩信执守妇人之仁和小儿之义，未能采纳蒯通的伟略雄韬，一旦在长乐钟室死于吕后之手，才万分痛心地叹息"悔不用蒯通之计"。当年，蒯通未能说服韩信，深恐大祸临头，他佯狂而走，隐姓埋名。曾国藩不敢火中取栗，王闿运也感到极度失望吧，赶紧打点行装，拱手而别。说不定，他还像鸿门宴后亚父范曾那样背转身去，狠狠地骂上一句：

"竖子不足与谋！"

事隔多年，王闿运告诉自己的门生、杨度的胞弟杨钧，他与曾国藩私下议事时曾进言："大帅功高望重，将士用命，何不乘机夺取江山，自己做皇帝，何苦白白替别人出力？"后者坐在书案前，一边听他讲话，一边用笔写着东西。中途，曾国藩有事出去了一下。王闿运起身走到案前，看曾大帅到底写些什么，结果是满纸的"妄"字和"谬"字。等曾国藩回来，王闿运谈笑如故，但他心里头明白，旋转乾坤的大计已成泡影。也就在那一瞬间，他猛然意识到自己的政治使命已经告一段落，天意如此，不可强求。

咸丰十一年（1862）夏，王闿运再次给曾国藩出了个大主意。文宗驾崩了，肃顺等八人做了顾命大臣，西太后同省章奏，这种貌似平衡的局面其实极不平衡。王闿运认为朝廷宜亲贤并用，由恭亲王奕䜣当国主政，以辅幼主，曾国藩理则有必要自请入觐，申明祖制，母后不得临朝，这样一来的话，天下中兴尚存希望。曾国藩正担心自己功名太盛，受朝廷猜忌，此时岂肯强行出头，落下权臣干政的口实？王闿运的大主意再次打了水漂。应该说，他有相对高明的策划，但碰上不肯冒险犯难的曾国藩，就如同打铁的给绣花的出主意，找错了对象。

王闿运空怀帝王之学和纵横之术，未能施售其万一，徒然感叹"贤豪尽无命，天意恐难凭"，"道在身将老，名轻愿不刊"，不到三十岁，就已意冷心灰。五十多年后，杨度继承恩师的衣钵，在政治上同样难有措手处和伸足处，仿佛崂山道士，碰得头破血流。如此事与愿违，既非王闿运的学问空疏，也不是杨度的智略短少，师徒俩胸怀"利器"，可万分不幸的是生错了时代。晚清毕竟不同于战国。战国诸侯纷争，无不居危求安，因此像苏秦、张仪那样的纵横家得以肆行大计，尽展宏图，"一怒诸侯惧，安居天下息"；晚清也毕竟不同于秦末，秦末天下英雄云合雾集，逐鹿问鼎，他们有赖于一批坐镇帷幄之中、决胜千里之外的高人时时贡献奇策,因此像张良、范曾那样满腹韬略的谋士得以脱颖而出。晚清内忧外患,多种力量纠结一团,没有一方能够制衡全局。曾国藩未肯采纳王闿运的大计,一方面固然是胆魄不足,不敢冒死犯难;另一方面又何尝不是深知清王朝大限未至而避祸求福。清帝国的满口"虫牙"确实松动了,但真要拔掉他们,则有赖于四十多年后同盟会诸君大兴革命之师。

王闿运晚岁作自挽联,道是:"《春秋》表仅成,正赖佳儿学诗礼;纵横志不就,空留高咏满江山!"好一个"空"字,暗含了多少沮丧?

他能有什么办法安慰自己?数年漫游,北抵长城,南极五岭,走遍了大半个中国。三十二岁那年,在天寒地冻的隆冬,他羁旅于黄河古渡,身世飘零之感郁积于心,于是,他返视来路,在《思归引·序》中感慨系之:

> 室有贤妇,高莱妻之节。……有妾颇弹琵琶,能和箫笛。得屋三椽,弦诵其中,诚足以无闷矣。……夫巢、由不买山而隐,伯夷不树粟而食。吾生也有涯,而所待者难期。余尝游朱门,窥要津,亲见祸福之来,贵贱之情多矣。亦何取身登其阶,然后悔悟乎?

这段话的意思是:"家里有贤妇,像楚国隐士老莱子的妻子一样深明大节……有小妾经常弹琵琶,能够与长箫短笛协奏。住得三间房子,在里面弹琴读书,确实足够我解闷了。……古人巢父、许由不会去购买青山来隐居,伯夷不会去种植庄稼而获取食物。我的生命短暂,愿望却很难达成。我曾出入豪门,接近过显要地位,多次亲眼见到祸患和幸福的踪影,贵人和贱人的感情。又何必登上那道阶梯,然后再悔恨和觉悟呢?"王闿运去意徜徨,归心似箭,在漫漫寒夜里,总算是大梦初醒了。

再试牛刀 培植人才

王闿运是那种说进就要锐意进取,说退就要全身退出的人。从同治三年(1864)起,他"暂隐衡山十二年",埋头编写方志,研磨经学,不复有入世之心。直到光绪四年(1879),他四十七岁,才应四川总督丁宝桢的邀请,欣然入川,荣任成都尊经书院院长。其纵横之志又有了死灰复燃的契机。

晚清政界,丁宝桢以清廉果敢而著称。在山东巡抚任上时,他冒着脑袋搬家的极大风险,依照大清律例,一举扑杀了出宫远游、威福自享的太监安德海。安德海是慈禧太后跟前的头号大红人，丁宝桢尚且敢于下刀去切，可见此人胆魄之壮。跟这样的豪侠之士交往，王闿运感到十分畅快。

王闿运致书丁宝桢，自信之情溢于言表："公与闿运皆一时不可多得之人才。"这样推许和自许毫无攀附与炫耀之意，实为惺惺相惜。有一次，他们同游峨眉，夜宿合江，水波漾漾，月光溶溶。眼前美景最能佐人谈兴，说到人各有志，丁宝桢问王闿运："你的志向如何？"王闿运稍稍沉吟了一下，说："少年时代仰慕鲁仲连义不帝秦的为人，如今年齿渐老，志在做申屠蟠那样隐居田园的学问家。"反过来，王闿运问丁宝桢："您呢？"丁宝桢捋须笑道："我生平颇以诸葛孔明自期，但愿能做到张居正那样，也就心满意足了。"张居正是明朝万历年间勇于兴利除弊的铁血宰相，从气质性格而言，丁宝桢确实与张居正有相似之处。王闿运在内心还暗暗地作了另一番比较，丁宝桢与曾国藩相比，丁宝桢是奔放的，诚挚的，乐观的，而曾国藩恰恰相反，是阴冷的，虚矫的，悲观的。丁宝桢与曾国藩都有很强的办事能力，但丁宝桢比曾国藩更积极更果敢更有效率。当时丁宝桢已洞悉英国人窥伺西藏的心机，他请王闿运入川办学，就是想更多地储备人才。对于这一点，王闿运看得雪样分明，他那冷却了将近二十年的纵横之志又开始跃跃欲试。他向丁宝桢献上一道万全之策：

印度与英、荷是宿世之仇，现在我们可以趁着西藏无事，积极补充兵员，作为印度的坚强后盾，印度既已结援于中国，就会拼死抵抗英、荷的侵略，成为西藏牢不可破的屏障。丁宝桢欣然接受了王闿运的建议，并且立刻付诸实施，可惜天不从人愿，没多久，他就病逝了。那个宏伟的计划自然而然也随之泡汤。丁宝桢去世时，王闿运五十五岁，深感命运困窘，知己零落。他在《丁文诚诔》中大发悲怆之语："……慎忧辱之无死，每对食而忘餐。思环海之受兵，若群蚁之围鲲。……时冉冉而多留，老骎骎其欺人。谓圣贤之无如何，增志士之酸辛！"这段话的意思是："节制忧愁羞辱之感不轻生，每次面对食物却忘记就餐。惦念着周边的海域大兵压境，就像成群的蝼蚁围困着巨鲲。时光缓缓流逝，许多计划却原封未动，（我们）很快就衰老了，岁月就是这样欺人太甚。有道是圣贤也无可奈何，志士只能增添一腔辛酸之情！"

《清史稿》中王闿运本传有这样几句话："闿运自负奇才，所如多不合。乃退息无复用世之志，惟出所学以教后进……，成材甚众。"的确，作为深怀韬略的纵横家，王闿运很不行时，可说专走背运；作为广树人才的教育家，王闿运却获得了巨大的成功。仅川、湘两地，出自他门下的大才子就有廖平、岳森、杨锐、杨度、杨钧、胡从简、宋育仁、刘光第、齐白石等人，连生性喜欢师心自用的郭沫若也曾骄傲地宣称他是王闿运的三传弟子。从这张简约的人才清单，我们不难看出，"戊戌六君子"中有两人（杨锐和刘光第）曾列于王闿运的门墙，这绝非偶然现象。王闿运能将天下豪杰收入门墙，光勉强是不行的，还得确实有强过他人的真功夫硬本事才行。王闿运在赠王森然的诗中说："求友须交真国士，通经还作济时人。"他治学以社稷苍生为念，以经时济世为怀，从不赞成弟子一味埋首于故纸堆中，纯然以训诂考订、寻章摘句为能事。

刘禺生《世载堂杂忆》存心揭破了王闿运的一个秘密，可谓妙趣横生："王壬秋最精《仪礼》之学，平生不谈《仪礼》。人有以《仪礼》问者，王曰：'未尝学问也。'黄季刚曰：'王壬老善匿其所长，如拳棒教师，留下最后一手。'"王闿运做学问如此，无可厚非，若为人师也如此，徒弟想要尽得其真传，可就难了。好在他"短斤少两"只在某个方面，而不是全方位。

王闿运致书左宗棠，直称："涤丈（曾国藩）收人材不求人材，节下（左宗棠）用人材不求人材，其余皆不足论此。以胡文忠（胡林翼）之明果向道，尚不足知人材，何从而收之用之？故今世真能求贤者，闿运是也。而又在下贱，不与世事，性懒求进，力不能推荐豪杰，以此知天下之必不治也。"

他说这话并非大言不惭，实绩都摆在那儿，尽管曾国藩、左宗棠二人在公开场合不好表态，但暗地里不得不买这位后辈晚生的账。

杨度作《湖南少年歌》，述及恩师王闿运，对其游说大佬和培植英才的作为颇致赞美和同情之词，拔高当然也是难免的："更有湘潭王先生，少年击剑学纵横。游说诸侯成割据，东南带甲为连衡。曾胡却顾咸相谢，先生笑起披衣下。北入燕京肃顺家，自请轮船探欧亚。事变谋空返湘渚，专注《春秋》说民主。廖康诸氏更推波，学界张皇树旗鼓。呜呼吾师志不平，强收豪杰作才人。常言湘将皆伧父，使我闻之重抚膺。"王闿运两试牛刀，有败有成，一生最得意的方面在于名山事业，为此他还遭到了险些危及性命的严厉责难。

曾有人评价道："王氏不受宋儒矜束，非不高明，特所以自律者不甚讲求，小德出入，浸或逾闲，一代经师，而人师之道，乃不免有阙焉。"所谓"有阙"，主要批评王闿运好色，因此四川学者（如廖平、宋育仁）得其遗风，多以好色著称。

著《湘军志》而惹祸

王闿运著作等身，光是经学方面的研究专著就有十多种，但最为人艳称的偏偏是一部史著——《湘军志》。同治三年（1864年），湘军攻陷江宁（南京），太平天国土崩瓦解，使命达成之日，就是湘军解甲之时。那些以千万人鲜血染红顶戴的湘军高级将领，陆续被清廷擢拔为总督、巡抚之类的封疆大吏，从此极情尽兴地享受富贵荣华，十余年出生入死，一朝获到高额补偿。然而好日子过起来总是快如白驹过隙，他们这才拍打后脑勺，猛然察觉，当时起义之人和殉难之士已近乎湮没，传闻失实，功烈未彰，若要取信后世，就必须勒成一书。于是大伙儿决定找位名家来修撰湘军的军史。当时还有谁比王闿运更有资格接下此单？他是公认的硕学名儒，又与湘军将领多有交集，颇具交情，其文才和史才均属一时无二的隽选，最重要的是，曾国藩生前曾有过"著述当属之王君"的叮嘱。于是经吴敏树动议，郭嵩焘倡行，曾国藩的长公子曾纪泽主持，赍送了丰厚的润笔费（六千两银子）给王闿运。事情就这样敲定下来，这一年是光绪元年（1875），王闿运四十三岁。按照王闿运的儿子王代功的《湘绮府君年谱》所记，王闿运"不得已而诺之"，意思是：他没法推托才答应接下这个烫手的山芋。

韩愈曾深有感慨地说，修史会招致"人祸"和"天刑"。为此，柳宗元还专门写了一封《与韩愈论史官书》，大言快语加以批驳，说，修史你都惧怕，若是当了御史中丞，须专门参劾同朝的高官大吏，你岂不是更惧怕吗？韩愈谏迎佛骨，连唐宪宗的逆鳞都敢批，仍招致老友这番责难，心里滋味如何，可想而知。

在王闿运看来，明代文章不堪入目，唐宋八大家也算不上巅峰典范，他曾说"八家之文，数月可似"，他发足飞奔，为的是"依经立干"，"力追班马"，直接取法班固和司马迁，"为有德之言"。王闿运用足六年工夫，写成《湘军志》，总计十六篇，九万余字。大著杀青后，王闿运深有感慨地说："修史难，不同时，失实；同时，循情。"他看得很清楚，史官"无故而持大权，制人命，愈称职愈遭忌也"，史官之笔就像阎罗殿上的判官之笔，轻重缓急之际，既可以使人一举超生，也可以使人万劫不复。何况他还不是史官，却用白纸黑字对诸多宿将评长论短，活着的人只会更为伤心。既然有此烛照幽微的智慧，若换个势利之徒，念头一闪，笔头一转，踏上歌功颂德的通途，必能结欢于衮衮诸公，何愁没有大量的好处源源而至？可王闿运耿硬的性情再次决定了他要捋虎须，践豹尾，正道直言。在他义不容情的快笔下，清廷官吏多数昏庸无能，绿营兵和湘勇则贪残成性，湘军将领的形象又能好到哪儿去呢？大将曾国荃和刘坤一，前者无异市中之屠夫，后者有似乡间之笨伯。王闿运这样子大暴其短，曾国荃和刘坤一等人自然恼羞成怒，纷纷跳起脚来，指斥《湘军志》诬善不实，纯属谤书，绝非良史。即使是盛赞《湘军志》的湖南巡抚陈宝箴，竟也怀疑王闿运以爱憎驱遣笔墨。殊不知，王闿运认定"怀私文必不能工"，他是秉持公心才敢开罪大佬强梁。事情越闹越离谱了，那些原本狂恣跋扈的"老干部"怒从心头起，恶向胆边生，要给王闿运一点厉害瞧瞧。令曾国荃最恼火的是，金陵决战明明是他戎马生涯中最大的亮点，王闿运却轻描淡写，把太平军视为乌合之众，使其军功大为减色。曾国荃的门人怒于市而色于室，责骂王闿运不肯与人为善，专揭九帅的疮疤，专寻九帅的晦气，专跟九帅过不去。他们甚至捋起袖子要动粗，大有饱打王先生一顿而后快的意思。其实，王闿运的史笔已为曾国荃开脱不少，并未赶尽杀绝，既然曾老九不领情，王闿运也只能摇头叹息："不知文之人，殊不可与言文！"因为《湘军志》一书，王闿运名满天下，谤满国中，这回连他的老朋友郭嵩焘也抹下面子，对他的遭遇不表同情："王壬秋《湘军志》，均取当时官场谣谤诋讪之辞，著为实录，以相印证，尽取湘人有功绩者诬蔑之，取快悠悠之口，而伤忠臣烈士之心，竟莫测其用意之所在。其颠倒功过是非，任意低昂，则犹文人习气。"王闿运不胜其烦，不堪其扰，终于妥协，将《湘军志》的雕版和部分成书交给郭嵩焘,因为后者是湘绅宿望，又是反对《湘军志》的领袖人物之一，任其毁弃。可是王门的蜀中弟子不畏强权，硬是将这部书刻印出来，使它流播广远，岿存于世间。

在当时的局外人看来，王闿运文笔高朗，固然是文坛一世之雄，但他自信太过，喜好讥贬的积习难改，演义的痕迹较重。他托名彭玉麟，作《衡阳志》，连王夫之这样的峻节高士都被他刺了个满面花，何况他人。王闿运修的《东安志》遭人毁板，《桂阳志》也被人纠谬，可谓个性使然，在王闿运笔下没有完人，因此他逮住别人的过失就要议论一番，揶揄数句，这就招人恨了。还有一点，王闿运以霸才自许，以知兵自负，曾国藩却不为所动，这让王闿运颇感压抑，一旦他有机会修《湘军志》，就难免要推倒一世豪杰，成就一家之言，偏颇之处实不能免。至于事实之出入，笔墨之详略，立论之诡异，就更有可议可疑之处了。王闿运到底是不是"挟区区乡曲之怨颠倒是非"？恐怕只有他本人才心知肚明。

对《湘军志》攻击火力最猛的是郭振墉辑录的《湘军志平议》，里面有郭嵩焘、郭崑焘兄弟的纠谬和评论一百多条，郭振墉（郭崑焘之孙）引用官书私录加以笺注。但有趣的是，曾国藩的弟子黎庶昌选辑《续古文辞类纂》，收入王闿运《湘军志》中的《曾军篇》《曾军后篇》《湖北篇》《水师篇》、《营制篇》，他对此书推崇备至："文质事核，不虚美，不曲讳，其是非颇存咸（丰）同（治）朝之真，深合子长叙事意理，近世良史也。"子长是司马迁的字，这下算是挠着了王闿运的痒处。

后来，曾国荃请王定安作《湘军记》，以求取代《湘军志》。两相比较，《湘军记》以《湘军志》为底本，显然更翔实，更周密，更完整，《湘军志》则以史识、史才见长。因此，《湘军记》并不能百分之百地取代《湘军志》，反倒衬托出它"精气光怪，不可掩遏"的许多优点。若论文字的成色，《湘军记》逊色于《湘军志》可不止一两分，就连那些认定《湘军志》是谤书的人也不得不承认王闿运是文字魔术师，能使读者生出无穷之兴味，这恰恰是曾国荃等人最抓瞎、最无奈的地方。

为人诙谐有趣

依照曾国藩的外孙婿王森然对王闿运的写照，"先生丰下而丹颜，目如电，声如钟，步履如飞，禀赋之厚，盖无与比，平生早眠早起，无烟酒之嗜，亦摄生之道有异于人，故其精力弥满,造诣独多"(《王湘绮评传》)。王闿运的书法绝好,他用绝好的书法终身抄书不辍,乐此不疲,数十年间,他抄书的字数当以千万计,光凭这一点,他就是一位不折不扣的异人。你也许会问,他抄那么多经书干什么？一部分送给好友,另一部分充作女儿的妆奁（lián）。王闿运共有四个宝贝女儿（受老爸影响,个个腹有诗书）,也真够他老人家操心和抄经的。别人孔夫子搬家,尽是书,他王夫子嫁女,也尽是书。只可惜才命相仿,这几个女儿的婚姻均不甚如意,不是遇人不淑,就是夫君短寿。

清末时,王闿运可算开明的保守派,论保守,他不像王先谦、叶德辉、曾廉那样顽固不化,论开明,他不如江标、徐仁铸那样与时俱进,应划入中右分子队伍。某次,湘绅聚谈,有人说:陈中丞（湖南巡抚陈宝箴）讲求吏治,刚直不挠,是近年难得的贤臣。但他不应该聘请梁启超来主讲时务学堂,败坏湖南风气。有人解释道:这不是陈中丞的过错,怪只怪他儿子陈三立交友太滥,择友不慎,所以陈中丞受到误导,千虑而有一失。大家议论风生,王闿运却撚髭微笑,在一旁默然无言,于是大家请他发表高见。王闿运叹息道:"江西人好听儿子说话,陈中丞只不过遵行古道而已。"大家面面相觑,莫明所指。于是王闿运开导他们:"王荆公（王安石）

变法时,遇事多由儿子王雱主持。严嵩当国,对儿子严世蕃言听计从。现在陈中丞也是如此,这是江西人的惯例,你们大惊小怪干吗?"此言一出,众人莫不倾倒。至于褒贬臧否,既在言语之内,又有弦外之音。

民国建立伊始,最鲜明的标志有三点:男人解放了头(剪掉了辫子),女人解放了脚(除去了裹脚布),清廷的龙帜被换成了五色旗。其他方面改观不大。王翁起一时之兴,自告奋勇,为总统府作讽刺联一副,"民犹是也,国犹是也;总而言之,统而言之",横批为"旁观者清"。后来,章太炎意犹未尽,觉得此联与其含蓄不如显豁,他为上、下联分别添加"何分南北"和"不是东西"(意为:民国何分南北,总统不是东西),变冷讽为热骂,更加痛快淋漓,却缺失了几分蕴藉。除此之外,王翁还创作了一副众口流传的谐联:

男女平权,公说公有理,婆说婆有理;
阴阳合历,你过你的年,我过我的年。

王翁的脑袋瓜子只要不被帝王学的柴薪猛火高烧,就比谁都清醒。他说怪话,说得山响,这异常有趣的声音值得一听。

王翁八十寿辰正逢民国"开业",一时间宾客盈门,湖南都督谭延闿身穿一套挺括的西装到湘绮楼来道贺。王翁却身穿一套前清的袍服出门迎接，令谭延闿大感不解。王翁打趣道："我的衣服是外国式样，你的衣服难道是中国式样？"经他这么一说，满座为之尽欢。

大名士就得有春风风人、化雨雨人的言谈举止。如今，某些出没于荧屏的"大名士"，竭尽所能，也只做得出土饭尘羹，只玩得转乡愿的那套把戏，若站在王翁面前，真是小丘较于泰山，西潭比于东海，相形见绌啊！

当年的饱学之士，旧学好的，新学则未必佳，甚至有人对新学一窍不通。王闿运即是如此。年轻人最喜欢挑战宗师级的人物，好从中获取乐趣，从而占尽锋头。曾国藩的长孙曾广钧兼通新旧两学，对王闿运独沽一味颇不以为然，他决定借机捉弄一下王翁，使之大出洋相。有一次，曾广钧向王闿运请教，《策府统宗》一书中的"克虏伯"该作何解释，王翁闻之，茫然不知所云，瞠目不知所对，仓促间嗫嚅而答："这似乎是一个冷僻的典故。"此言一出，满座哗然，王翁受窘，竟至于无地自容。克虏伯是德国军火大王阿尔弗莱德·克虏伯，在当年的洋务派中可谓大名鼎鼎，无人不知，无人不晓，王翁说它是僻典，当然十分搞笑，算是出了大糗。

布衣傲王侯

在等级森严的中国专制社会，士子若没有傲岸不羁的精神，独立人格就难得以保全。王闿运从弱冠之年至寿终正寝，交结天下豪俊，常为王侯将相的座上宾。但他傲骨铮铮，从不摧眉折腰事权贵，真正难得。王闿运平生痛恨胁肩谄媚之徒，这里挑拣二三显例为证。曾国藩出任两江总督后，天下士子宗之仰之，攀之附之，以能成为其门生幕僚为极大荣幸。这些人依据的完全是趋利原则，因为一旦踏上这道晋身之阶，就不愁仕途不平坦，官运不亨通。若换上现代官迷心窍的鼠辈，眼前摆着这样现成的粗腿，也定然抱紧不放；更有甚者，就是吮痈舐痔之类的脏活，他们也干得贼欢。然而，在曾国藩面前，王闿运始终以宾客自处，唯其独立不羁，潇洒来去，曾国藩才格外对他高看一眼。湘军江宁之役告捷，王闿运前往曾国藩帅府道贺，此时曾大帅志得意满，已非彼时临渊履冰、独撑危局的曾大帅，他官高境顺，对老朋友远不如先前那么客气有礼。王闿运拜访过曾国藩后，见对方丝毫没有回访的意思，心下大为不平，他打点行装，立刻走人。恰巧这时曾国藩派幕僚来召他前去宴饮，王闿运不满而且不屑地说:"我大老远跑来,难道是为了吃两顿酒饭吗?"于是他浩然西归,连一个当面道歉的机会也不肯留给对方。曾国藩死后,曾家印行门生故吏名册,没问个究竟明白,就擅自将王闿运列入曾文正的弟子行,别人求之不得,王闿运却嗤之以鼻。他为曾国藩撰写挽联,其中也暗含讥刺,其词为:"平生以霍子孟、张叔大自期,异代不同功,勘定只传方面略;经术在纪河间、阮仪征而上,致身何太早,龙蛇遗恨礼堂书。"这副挽联的意思是:"一生以霍光、张居正这两位宰相的功名自我期望,不同的时代有不同的事业,平定太平军只传下一方面的韬略;经学的功夫在纪晓岚、阮元之上,做官太早了,由于龙蛇起陆遗恨学术著作未能完工。"曾国藩至死未能登上相位,也没有留下学术成果(日记、书信那是不能算数的),这是他人生的两大遗憾,均被王闿运信手拈出,哪壶不开提哪壶。难怪曾国藩的长子曾纪泽见到这副挽联,忍不住忿然作色,斥责王闿运"真正狂妄",并且将它偷偷毁弃。

王闿运与左宗棠交往,依然未改狂狷不羁的素性。左宗棠比王闿运年长二十一岁,王闿运"唯以丈人行事之,称其为'十三丈'"。左宗棠一向自视甚高,对王闿运的这种称谓不以为然,他对别人说,王闿运"太过狂悖"。王闿运风闻这句评语,立刻投书问罪,词锋锐利,他责备左宗棠"将兵十年，读书四纪，居百僚之上，受五等之封，不能如周公朝接百贤，亦不如淳于之日进七士，而焦劳于旦暮，目营于四海，恐仍求士而士益裹足耳"，他还傲形于词地写道，"节下颇怪闿运不以前辈相推，……如闿运者尚不怪节下不以贤人见师也"。依照王闿运的批评，尽管左宗棠功勋盖世，他不能礼贤下士，简直无异于禄蠹，愧对天下苍生！我猜，左宗棠读了这封信，脸都可能气绿了，眼睛珠子都掉到了地上。

按照情理，王闿运布衣傲王侯，那股子傲劲是以自身超强的实力为基础的。他若学识谫陋（jiǎn lòu，浅薄鄙陋），寂寂无名，徒有狂狷的性情而无可狂可狷的资本，曾国藩和左宗棠那样牛气十足虎气十足的猛人，连搭理都懒得搭理他，又岂肯忍受这种目空一切的讥诮和责让？

既然王闿运连曾国藩和左宗棠这两位大神都敢傲睨，其他等而次之或相差甚远的达官贵人，在他眼中，就顶多是些傩面小鬼罢了，算得了老几？有一回，湖南巡抚（相当于今日之省长）端方拿出一只珍藏多年的异形古瓷瓶给王闿运欣赏，王闿运把玩一番后，即兴调侃道："这古瓶的确年深月久，见过了不少世面，可它的形状既不端又不方，真叫人拿它没办法！"此前数年，另一位湖南巡抚陈宝箴也跟王闿运有交情，陈宝箴是江西人。一次，他跟王闿运谈及潇湘之地盛产人材，再三表示歆羡。王闿运环顾周围的仆人，神秘兮兮地对陈宝箴讲："别看这些下人现在卑贱，穿布衣，干粗活，一旦行时走运，也可以做总督当巡抚的。"王闿运的讽刺既不显棱，又不露角，而是绵里藏针。听了这话，陈宝箴的脸色唰的一下就红了。湖广总督张之洞敬重王闿运的才学，曾用讨好的语气对后者说："我为博学，君为鸿词，合为一人，始可应博学鸿词考试。"古代的博学鸿词科极难考，考中的人中真能名副其实、又博又鸿的少之又少，张之洞是就其难处而言。王闿运笑道："若必如此，又从何处得同考之人？"王闿运当仁不让，毫不谦虚，张之洞也就默然无语了。

魏晋名士之风久已澌（sī，尽）灭，而在王闿运身上仍有保留。湖南巡抚陆元鼎专程去衡阳拜见王闿运，王翁竟闭门不纳，让这位省长大人吃下闭门羹。陆元鼎倒也不以为忤，掉转船头，返回省垣。过了半天，王闿运租条快船追上百多里水路，回拜陆元鼎，两人把晤之后，相谈甚欢。对此有人大惑不解，王翁便解释道："前之不纳，示不敢当；后之远追，又以示敬。"东晋才子王子猷雪夜乘舟去剡县访戴逵，乘兴而往，兴尽而返，并未与戴逵谋面。经《世说新语》播扬，"王子猷雪夜访戴"早已成为千古佳话。王翁高仿，亦饶有趣味。

王闿运对金钱看得很轻，真能做到"苟非吾之所有，虽一毫而莫取"。他主理湘潭慈善公所时，银钱出入累千累万，他却从不沾手，另择专人管账。他题不忍堂门联："世上苦人多，一命存心思利济；湘中民力竭，涸泉濡沫念江湖。"可见他仁者爱人。也有说王闿运视钱如命的，理由是他曾订下条例：凡是央求他向达官贵人通门径，以谋取美差的，须按每封推荐信一百两银子的标准付费。就算是自家的女婿，也不例外。殊不知，他这样做是为了省减许多无谓的应酬，杜绝烦人烦己的官场请托。标出高价，才可让人知难而退。当代打条子的官太爷，自然不必这样明码实价，他们口里好说好说，手上却好收好收。王闿运能瞧得起这等鼠辈？

老眼未昏花

临到耄耋之年，王闿运还"火"了一把。他以八十高龄出任国史馆长。这个职位，袁世凯原本打算将它留给康有为，但康有为力辞不就，还放出狠话来：他要是修《清史》，袁世凯必入贰臣传。这就让袁世凯浑身不自在了。王翁赴京城上任，多少带点游戏人生的意思。若非如此，他怎么会以嘲弄的语气质疑道："瓦岗寨、梁山泊也要修史乎？"对王闿运暮岁出山，曾有不少学者指责他晚节不终，章炳麟在致刘撰一的信中即以婉词批评道："八十老翁，名实俱至，亢龙有悔，自隳（huī，毁坏）前功，斯亦可悼惜者也。"王闿运去世后，版本学家叶德辉所撰挽联暗含讽刺："先生本自有千古，后死微嫌迟五年。"意思是，王翁若早死五年，即可名节两全。当年，确实有好事者按捺不住好奇心，揣此疑惑，直接就教于王翁："公已八十三岁高龄，夫复何求？如今折身事袁，为其下属，似不值得。"王闿运的回答可谓滑稽可笑，既令人解颐（开颜欢笑），又令人解疑："做官是一件最容易不过的事情，如今老聩，百事莫办，只得找件最容易的事情做做。"

我们撇开表象，对于王闿运的"失足"，可做两方面的分析：一方面，尽管孔子曾郑重告诫"君子有三戒：少之时，血气未定，戒之在色；及其壮也，血气方刚，戒之在斗；及其老也，血气既衰，戒之在得"，但人老了，往往更耐不住寂寞，还想掺和点事情，自然而然就会出昏招。这也正是庄子"寿则多辱"一语隐含的深层意思。章炳麟责备王翁"自隳前功"时，才四十七岁，站在岸上笑别人溺水，当然轻松，等到他老了，同样昏招迭出，被直系军阀孙传芳请去投壶（有人说他没有应命），接受重金为上海青帮帮主杜月笙撰写《高桥杜氏祠堂记》，为黎元洪撰写墓志铭，则是千真万确的事实。另一方面，王翁受累于弟子杨度，杨度要借重乃师的盛名，为自己多捞些政治资本,因此擅自在"劝进"书上代他签名,实则王闿运并不乐意这样做。他反劝杨度见"好"就收:"若先劝进,则不可也。何也?总统系民立公仆,不可使仆为帝。弟可功成身退,奉母南归,庶几免乎,抑仍游彀毂(gòu,弓箭的射程,喻圈套、牢笼)耶?"在致袁世凯的信中,王闿运也婉言劝导这位龙心未餍的大总统打消称帝念头:"……但有其实,不必其名。四海乐推,曾何加于毫末?"王闿运熟读历史,是个明白人,这回却犯糊涂了,大凡称孤道寡之辈总是得陇望蜀,最难知足,汉武帝在中国号称至尊,尚且意犹未尽,仍要开疆拓土,使四夷八荒宾服,四夷八荒宾服了,他还要派方士去海上寻找灵药,梦想着升入仙界,长生不老,继续作威作福。袁世凯做定了"中华民国"的大总统,意犹未尽,还要去做洪宪皇帝,正是此辈欲望极度膨胀的典型表现。

　　王闿运一生讲求风骨,就算他要兜售多年积攒的帝王学"老锅底"吧,也不能沿街叫卖。他对欲壑难填的"老猿"本就没什么好印象,再加上国史馆的经费、工资迟迟不能到账,遂有寄人篱下、仰人鼻息、"不胜其辱"之感。恼怒之余,他将国史馆馆长的印信寄存在弟子杨度处,未向袁世凯辞行,就一驾风回了南方。

当初北上赴任时，王翁在武昌题襟高会上意气洋洋，所作诗句"闲云出岫本无意，为渡重湖一赏春"，至此仅兑现了一小半，折损了一大半，毕竟春意若有实无，秋风萧瑟倒一点不假。

有一个本不足道的人物却在王闿运的晚年扮演着极其重要角色，这人就是周妈——王闿运的管家婆和情人。周妈能帮他料理衣食住行，能帮他检寻书籍文章，还能帮他出恭后揩污，是个不可或缺的好帮手。北上时，王闿运暂停武昌，先去拜会以贪鄙著称的湖北督军王占元，他带上周妈同行。王翁对王占元说："老妪欲瞻将军威仪，幸假以辞色。他日入京，亦携此妪，谒拜圣颜，使阔眼界。"王占元遂对周妈礼遇有加，赠以金帛，那些视周妈为乡婆的招待员因此前倨而后恭。湖北将军段芝贵设宴招待王翁，王翁同样带周妈同行，他对周妈说："汝欲看段大少爷，即此人也，有何异处？"段芝贵闻言，面露惭色。王闿运到国史馆就职后，报章上就时不时拿周妈当作敲打调侃的对象。上海《时报·文艺周刊》载有长篇小说《周妈传》，明道湘绮老人无周妈，则冬睡足不暖，日食腹不饱。《益世报》刊文更模仿湘绮老人的口吻说："周妈，吾之棉鞋大被也。无衣无褐，何以卒岁。"《顺天时报》记者更讽示周妈幕后干政，致国史馆官以贿成。于是王翁自弹自劾，递上辞呈："呈为帷薄不修，妇女干政，无益史馆，有玷官箴。应行自请处分，祈罢免本兼各职事。……闿运年迈多病，饮食起居，需人料理，不能须臾离女仆周妈。而周妈遇事招摇，可恶已极，致惹肃政史列单弹奏，实深惭恧，上无以树齐家治国之规，内不能行移风易俗之化。"章太炎对此有一个评价，算是道破了谜底："湘绮此呈，表面则嬉笑怒骂，内意则钩心斗角。不意八十老翁，狡猾若此！如周妈者，真湘绮老人之护身符也。"

有则轶事流传一时。王翁初抵京城，袁世凯示以高规格的恩宠，不仅陪王翁游览三海，而且大集百官，设宴为这位文坛耆宿洗尘。吃完饭，袁世凯与王翁聊天，礼性周至，状极谦卑，王翁则以"慰亭老世侄"称之。返回客栈的路上，王翁对随行的弟子说："袁四真是个招人喜欢的角色啊！"马车经过新华门，他抬头喟叹道："为何要题此不祯不祥之名？"同行的人大吃一惊，赶紧问他何出此言。王翁说："我人老了，眼睛也昏花了，那门额上题的不是'新莽门'吗？"王翁真够机智俏皮的，"莽"字与繁体的"華"字的确有点形似。西汉末年，王莽发动宫廷政变，改国号为"新"，猴急鸟急地过了一把皇帝瘾。可他惨淡经营的十五年短命王朝旋即崩盘，他本人也被绿林、赤眉一举搠（shuò，刺）翻在地，好个莽爷成了无头之鬼。王翁话中藏话,弦外有音,暗示袁世凯若蓄意称帝,其下场很难好过王莽同志。

一位阅尽沧桑的大智者,一位被奉为"学界泰斗"、"鲁殿灵光"的大名士,在极端幼稚的新生事物面前,肯定要摆一摆他的谱。这很正常,说明新旧两种思想恰似酒窖中的粮食和曲药在作急剧的发酵反应。若经不起旧思想猛力的颠掊和敲打,新体制就很难有足够的生命力。王闿运属于保守阵营,但他与王先谦、叶德辉那样的花岗石脑袋有很大的区别,他是"名士派"人物,所取的是不偏不倚的立场,在任何时候都会冷静地保持思考和发言的权利。

不向空门何处消

王翁身历六朝,活到八十五岁高龄,看天下万事如走马。以他的霸才,以他的傲骨,以他的雄心,以他的慧眼,早已修炼得了无窒碍,嬉笑怒骂皆成文章。王翁晚年常念叨王维的两句诗:"一生几许伤心事,不向空门何处消!"由此可见,他心中仍有耿耿难消的遗憾。王翁是诗坛的旧头领,汪国垣纂《光宣诗坛点将录》,提点王翁为"托塔天王晁盖",于经学的研究他也多有创获,名山事业堪称不朽,树艺人材众多,皆为一时之俊杰。真不知道，他究竟还遗憾什么？莫非他抱憾而终的是时势与英雄两造之际，自己却一脚踏空？王翁仙逝后，同县人吴熙撰写挽联："文章不能与气数相争，时际末流，大名高寿皆为累；人物总看轻宋唐以下，学成别派，霸才雄笔固无伦。"此联概括死者一生，有抑有扬，对王翁晚年的所作所为略有微词，其精切处为时人所称道。

只要细心寻绎，我们就不难发觉，王闿运睥睨（pì nì，斜着看，表示傲视或厌恶）不党的名士性情与他修持不懈的帝王之学大相冲突。是真名士自风流，"一种风流吾最爱，南朝人物晚唐诗"，南朝人物好尚清流，总与权力核心保持足够的距离，掩鼻以对政治的溷秽之气。王闿运喜爱魏晋文章，崇仰魏晋风骨，精神方面有明显的洁癖，无论如何，他都不会仿学苏秦、张仪，自沼其心，自污其行。偏偏帝王学与厚黑学有着千丝万缕的瓜葛，王闿运自尊而任性，只能行其光明面，不能行其阴暗面，白天不知夜的黑，仅仅做了半吊子的权谋家，终于不着边际。显而易见，封建末世的读书人内心尤为彷徨，一方面，若要实现齐家治国平天下的理想，他们就必须有所依傍，不仅不能与强梁之辈"拧麻花"，还须时时仰仗其大力提携；另一方面，若要保持独立人格，他们又必须无所营求，决不能与龌龊之徒同流合污，须学那中通外直的青莲,出淤泥而不染。似此左其身则丑,右其身则穷,真是进亦难,退亦难,进则"亢龙有悔",退则"据于棘藜",毫无中间道路可走。因此那些怀有良知而又丢不开功名的读书人就恒处于进退失据、左右为难的边缘境地,游移越久,苦闷越深,甚至终身闷闷不乐。"不义而富且贵,于我若浮云",这话当初从孔夫子嘴里说出来,味道就已变酸,更何况说了两千多年,早已变成了醋精,真不知酸掉了多少亿颗门牙。在封建体制下,不义才能富且贵,这是游戏规则的头一条,若违背它,圣哲如孔丘、孟轲,照样怀才不遇。"太上立德,其次立功,其次立言",王闿运能够立德立言,未能立功,虽有遗憾却无愧怍(zuò,羞惭)。

清末民初,进步知识分子渴望的是民主与自由,大潮之音不绝于耳,王闿运所信奉的"显学"愈益残破,禁不起雨打风吹。王翁晚年入京,犹有姜子牙九十佐文王的心理期待,但他血气衰矣,暮气沉矣,袁世凯专参野狐禅,货色太差,实在难入法眼。王翁离京返湘时,嘱咐弟子杨度:"早日奉母南归,我在湘绮楼为你补上老庄之学。"王翁的信仰危机至此暴露无遗。他想用黄老清静无为的解药化除帝王学的丹毒,可惜为时已晚。

一贯令人厌憎的索命无常叩响了门环,竟有心来点幽默,可他那句玩笑开得不合时宜:"去天堂,你老人家的帝王学更派不上用场,还是去地狱吧,所有人间的专制魔王都在那儿蠢蠢欲动呢,你老人家不愁找不到大显身手的机会!"然而,王翁断然拒绝了恶鬼的"美意",他把最后一瞥目光投向了高旷邈远的青天。

易顺鼎
中国近代最善哭的大诗人

男儿有泪不轻弹,只因未到伤心处。

有这样一句唱词,"男儿有泪不轻弹",总令我将信将疑。乍听去,这句唱词的确掷地有声,引用它的人也仿佛是经过太上老君八卦炉中三昧真火久炼而成的孙悟空,自属铜皮铁骨,刀枪不入。殊不知,凡人总有弱点,那句话也还有下文,不过说起来,舌头再也拉不开三百石硬弓,而已近乎嗫嚅:"只因未到伤心处。"噢,原来如此,此中消息如何,你可想知道?

人生不如意事常八九,心气愈高,抱负愈雄,性情愈敏,则困厄愈大,处境愈艰,痛苦愈深。这几乎已成为铁的规律。

大丈夫必是有血有泪之人

男儿泪之所以较女儿泪更可贵些许,是因为他们倾尽了激情,倾尽了热力,倾尽了长才,倾尽了睿智,仍然未惬其心,难遂其愿。女儿泪洒满生命之旅的沿途,那"机括"只要稍稍一触,轻轻一碰,眼泪就会像开闸的自来水一样哗哗地流淌出来，无论喜怒哀乐，她们都可以哭，不觉丢脸，而且哭过之后，倍感舒泰。精明的女人一早就明白，该以何种哭的方式去获得实惠和好处，她们的泪也并非轻弹的啊，至少不会弹错时间，弹错地点，弹错对象，弹错火候。从古至今，犹如道家的薪尽火传，一代又一代颖秀明慧的女人留下心得，足以将"哭"变成一门魅力四射的艺术：望之悯然的"泪妆"，视之恻然的"梨花带雨"，还有许多非你我所知的花样。艺术之中显然夹带着撒娇扮媚的学问，逮住时机就哭，既可以哭得男人关心，也可以哭得男人开心；甚至暗藏着进攻和防御的整套武器，直折腾得男人心力俱疲，直泼洒得男人怒火全熄。女人的泪又何曾白流了几滴？有井水的地方就歌柳词，女人落泪的地方就有情感的四季，春温夏热秋肃冬杀，四季分明啊！

男人肩负着改造世界征服世界的重任，要饱经风霜，遍历危险，甚至直面死亡，他们无暇一哭，也无意一哭，一哭就会涣散心劲，卸脱车轮，解除武装，放弃阵营。男人动辄哭鼻子绝对得不到社会的普遍怜悯，反而会招致同伴的轻蔑，连妻子和情人也会瞧不起这样的"软骨头"。无端一哭，男人的信誉就会大打折扣。因此在千百万年前，积极进化的古猿人在消掉尾巴的同时，也将男性的"泪阀"关闭了。男人的势能就只能通过别的途径（忠君、爱国、杀人、放火、从政、经商、习艺、赌博、欺世、盗名、媚俗、健身、抽烟、喝酒、做爱）去缓解，去宣泄，若这些途径均被堵死，压力将变得越来越大，最终必定会引起体内的"水管爆裂"（幸亏不是血管爆裂），所以自古男儿一哭，必定日月无光，天地变色。

春秋时，齐景公登牛山，悲去国而死，泫（xuàn，下滴）然下泪，不能自禁。明摆着，这是昏君的一时之悲，难怪晏子既要笑他不仁，又要谏他归善。同样是春秋时，吴国大军攻破楚国的国都，楚国大臣申包胥到秦国求援，秦哀公不肯蹚这趟浑水，申包胥"依于庭墙而哭，日夜不绝声，勺饮不入口七日"，终于感动了秦哀公，为楚国派出救兵。同样是楚国大臣，屈原的泪水流向社稷苍生，且听，他在《离骚》中高吟"长太息以掩涕兮，哀民生之多艰"，隔着两千多年，我们都听见了，可昏聩的楚怀王竟然听不见，也许是他根本不愿听见吧。贾谊继承了屈原的衣钵，汉文帝执政时到处歌舞升平，他的《治安策》却在劈头第一句就发出哀声："臣窃唯时世，可为痛哭者一，可为流涕者二，可为长太息者六，若其他背理而伤道者，难徧以疏举！"倘若不是爱君爱民的痴情者，他怎会居安思危？又怎舍得"痛哭"、"流涕"？东晋之初，过江的诸公常萃集于新亭，多设美酒佳肴而郁郁寡欢,座中一人悲叹道:"风景不殊,正自有山河之异!"于是群情惨然,犹如楚囚对泣,齐刷刷流下失国者忧伤的泪水。可他们只会哭,不能战,哭着哭着,金陵王气黯然收,东晋很快就宣告下课。石头城的石头不怕风吹雨打,怕只怕这蚀骨的男儿泪,滴沥得太多了,滴沥得太久了,磐固的城池也会软若一盘蛋糕,任人分食。墨子为歧路而哭,歧路容易亡羊;阮籍为穷途而哭,穷途毫无希望。阮籍喝下那么多醇酒,统统化作了泪滴,他比谁都醒得更透啊!杜甫为社稷哭,为黎民哭,为朋友哭,他岂非天下第一伤心人?《梦李白》第一首起句就是"死别已吞声,生别常恻恻",不知你如何读完此篇,读时是否有深深的感应?我只知道自己早已泪眼迷蒙。辛弃疾豪迈卓荦(luò,特别突出),奔放不羁,他也要哭,那份忧伤留在纸上,至今仍如通红的钢水,令人不敢碰触。他既不是雄着嗓门吼,更不是雌着喉咙唱,而是仿佛从高高的岩缝里啸出悲声:"倩何人唤取,红巾翠袖,揾(wèn,揩拭)英雄泪?"问得好,然而谁也不肯给他答案。轮到大才子曹雪芹哭时,他不想当众表演,只将一部《红楼梦》摊开在众人眼前,就急忙走开了,犹如身披猩红斗篷的贾宝玉,悄寂寂地踏过空净净白茫茫的雪原,离人世越远越好。还说什么呢?书中不是明白写着吗?"满纸荒唐言,一把辛酸泪,都云作者痴，谁解其中味！"他倒是把那个"？"锤直了，又或许是时间锤直的吧。我认为最不可能哭的男儿该是甘心为近代维新变法流血牺牲的第一人——谭嗣同，他既然只相信热血救世，泪水又岂能夺眶而出？可是这回我又错了。1895年4月17日，清王朝与日本政府签订《马关条约》，赔银割地，丧权辱国，他闻此消息，义愤填膺，亟作一诗："世间无物抵春愁，合向苍冥一哭休。四万万人齐下泪，天涯何处是神州！"都说男儿"落泪如金"，又岂止如金？那是亘古难磨的灵魂的舍利子。

往历史黄卷中打量一番后，老实说，我吃惊不小。太多伤心事，创巨而痛深，人非木石，那些刚毅的男儿还能不挥泪如雨？泪水之阀原本不是由他们自己控制的，一切均为时势所控，命运所扼，谁也无法预计泪水何时何刻猝然而至。有人说："任何一页历史，你都不可轻看，每个字都是用成吨的鲜血浸成的！"既然如此，我有足够的理由相信，其"蓄泪量"更为丰足，你只要轻启黄卷，万古泪河水，便向手心流。

天下可悲事既多，男儿痛苦锥心，虽欲不哭，岂可得乎？欲不哭而不得不哭，方为真哭。虽一哭再哭实属万不得已，但天地间的伟丈夫奇男子决然不肯以哭为美事为壮事，盖因哭则不祥，男儿泪落如雨的时代，绝非好时代，若非处于铁屋一般黑暗的大局,谁肯效女子掩袖涕泣哉?世间以哭为常事的才子,纵然狂诞不羁,也断然不肯将那不吉不祥甚矣的"哭"字嵌入名号。明末清初的画家八大山人(朱耷),本是明朝皇室苗裔,明亡后,隐居南昌。他常将"八大"二字连笔写出,其形貌宛若草体的"哭"字,可谓寄意良深。清代"文坛飞将"龚自珍将自己的初编诗文集命名为《伫泣亭文》,所谓"伫泣"者,取"伫立而泣"的意思,他将文集送给大名鼎鼎的宿儒王芑孙,向他请教,王芑孙诤劝道:"天下之字多矣,又奚取于至不祥者而以名之哉!至于诗中伤时之语,骂坐之言,涉目皆是,此大不可也。"可见这位大儒对那个"泣"字颇为忌讳,认为它不吉不祥,不宜用为诗文集的书名。到了清朝晚期,竟然有人驾乎其上而行之,公然将"哭"字嵌入名号,时人斥之为异端。此人是谁?他究竟是疯子,还是狂夫?

人生必备三副热泪

他是近代诗歌王子易顺鼎(1858—1920)。多少美的、奇的、壮的、勇的、野的、豪的、逸的、雅的名号摆在那儿,他视若无睹,却拗着劲,偏要取个凄冷之极的别号"哭庵"。

对此，他的说法披胸见臆：

> 人生必备三副热泪，一哭天下大事不可为，二哭文章不遇知己，三哭从来沦落不偶佳人。此三副泪绝非小儿女惺忪作态可比，唯大英雄方能得其中至味。

"三副热泪"这一说法的原创版权应归属于明末姑苏才子汤卿谋名下，我们不妨听一听原版录音："人生不可不储三副泪：一哭天下事不可为，一哭文章不遇识者，一哭从来沦落不偶佳人。"哭庵稍加改造，化为己有。照他的意思，至味就是苦味、涩味、咸味、酸味、辣味。苏东坡曾说："盐止于咸，梅止于酸，食中不可无盐梅，而味在咸酸之外。"易顺鼎所说的"至味"也须往苦、涩、咸、酸、辣之外去寻吧。

易顺鼎早年问学于湘中大儒王闿运，受过后者的点拨，是王闿运的记名弟子，王闿运非常赏识易顺鼎，将他和曾国藩的孙子曾广钧并称为"两仙童"。至于易顺鼎自号"哭庵"，则遭到王闿运的严厉批评。据钱基博《湖南近百年学风》所记，王闿运为此专门驰书："仆有一语奉劝,必不可称'哭庵'。上事君相，下对吏民，行住坐卧，何以为名？臣子披猖，不当至此。若遂隐而死，朝夕哭可矣。且事非一哭可了，况不哭而冒充哭乎？"王闿运性情豪宕放任，竟被易顺鼎的后浪盖过了锋头。单从这封书信的词色来看，你很可能产生误会，以为王闿运其人过于古板，其实，王老夫子是个顶诙谐顶洒脱的传奇人物。

易顺鼎的"哭庵"之号很怪，但与明末清初的爱国者屈大均的"死庵"之号相比，就小巫见大巫了。屈大均抗清失败后，宁肯削发为僧，名其屋为"死庵"，也决不自沼其心，自隳（huī，毁坏）其节。两相对照，高下立判。

诚然，易哭庵算不上叱咤则风云变色的伟丈夫，却不愧为吟哦则天地增色的奇男子。天生尤物总归是要给人好看好受，天生才人，也同样出此初衷。任何英才、霸才、鬼才、魔才附身，都绝非偶然，必有其因缘宿命，强求不得。哭庵的第一声啼哭落在清末儒将易佩绅家。易佩绅是湖南龙阳（今汉寿）人，长年陷身官场，带过兵，与太平军交过战，工诗善文，笔头子过硬，"儒将"之名洵（xún，确实）非浪得。人到中年，同僚正犯愁如何才能钻营到更磐固更肥美的官职，正打算趁手中权力尚未作废赶紧刮薄地皮，捞足实惠，易佩绅却突发奇想，携两位美妾入山为僧，剃个大光瓢，敲了几个月木鱼。荒山野地太寂寞，估计伙食也太清淡，他又打道回府，毫无愧色。王森然在《近代名家评传》中对易顺鼎的早慧赞不绝口:"生而颖敏,锦心玉貌,五岁能文,八岁能诗,父执多奖借之。"小小年纪,易顺鼎即被誉为"龙阳才子"。

哭庵晚年在书札中喜欢钤(qián,盖印)一方朱文大印,印文为:"五岁神童,六生慧业,四魂诗集,十顶游踪。"这十六个字并非胡吹瞎侃,字字都有来历。他五岁时,恰逢江南战乱,逃难途中与家人失散,落入太平军之手,居然获救。僧格林沁亲王见此童肤色白皙,宛如小小璧人一个,就抱在膝上问他家世姓名,易顺鼎虽在髫龄(tiáo líng,幼年),面对虬髯(qiú rán,拳曲的络腮胡)虎将,竟应答如流,半点不怯场。僧格林沁又问他识不识字,他索性将平日所读的经书琅琅背出,小舌头仍无一处打结。众人当即称之为"神童"。

对于因果轮回的佛家说法,哭庵终生坚信不疑,他由扶乩得知自己是明朝才子张灵的"后身",心中十分欣喜,他原本就自信宿慧有根。哭庵意犹未尽,又一口气"考证"出张灵的"前身"为王子晋、王昙首二人,"后身"则依次为张船山、张春水、陈纯甫三人,绵绵瓜瓞(dié,小瓜),无有断绝。以上六人均为哭庵的"前身",合成"六生慧业",他真是渊源有自的"鬼才"啊!哭庵的《眉心室悔存稿》收入他十五岁前的少作,其中的鲜词丽句已崭露出这位龙阳才子的好色天性,且看:"眼界大千皆泪海,头衔第一是花王",

"生来莲子心原苦,死伴桃花骨亦香","仆本恨人犹仆仆,卿须怜我更卿卿",如此绮艳悱恻的妙句,岂是普通少年可以写出?其超悟可谓早露端倪。哭庵弱冠打马游南京,一日写七言律诗二十首,捷才惊人,其警句为:"地下女郎多艳鬼,江南天子半才人""桃花士女《桃花扇》,燕子儿孙《燕子笺》",古艳鲜新之至矣。他撮取自己历年诗作之要妙者,分别编次为《魂北集》(作于京师)、《魂东集》(作于津门)、《魂南集》(作于台湾)、《魂西集》(作于西安)。总称"四魂集"。照此看去,他可真有点魂飞魄散的意思呢。易顺鼎一生吟诗近万首,《四魂集》是其精华。哭庵有山水癖,脚著谢公屐,游踪遍南北,他虽不是职业登山运动员,却将泰山、峨眉山、终南山、罗浮山、天童山、沩山、普陀山、庐山、衡山、青城山这十大名山一一践在脚下。杜甫《望岳》诗中有豪句"会当凌绝顶,一览众山小",哭庵终生乐此不疲,所谓"十顶游踪",即十度登峰造极。游山必有诗,他的山水诗尤其荒诞怪异,且看:"一云一石还一松,一涧一瀑还一峰,一寺一桥还一钟。""青山无一尘,青天无一云。天上唯一月,山中唯一人。""此时闻松声,此时闻钟声,此时闻涧声,此时闻虫声。"这样的诗一天写十首是不会太难办的。

易哭庵用十六字总括一生,固然妥切,但还有一项重大遗漏，那就是"无边风月"。太上忘情，其次不及情，情之所钟，正在我辈。易顺鼎无疑是"我辈性情中人"，人间少了他，好似《红楼梦》中少了贾宝玉，那个"情"字必定大为减色。天生尤物，又生才子，一幕活剧还能不热闹好看？

易顺鼎十九岁中举人，人生路起始一帆风顺，而且大名鼎鼎，能有多少悲愁苦痛？可是轮到考进士，他就没那么走运了，累试不第，已经是头顶天花板。他以诗酒泄恨，发些"三十功名尘与土，五千道德粕与糟"的牢骚。他自号"哭庵"，当然不是无病呻吟。易顺鼎中年丧母，痛极心伤，形销骨立，只差没"呕血数升"了。他自撰《哭庵传》，历历道来，卒彰显其志：

> 天下事无不可哭，然吾未尝哭，虽其妻与子死亦不哭。及母殁而父在，不得渠殉，则以为天下皆无可哭，而独不见其母可哭。于是无一日不哭，誓以哭终其身。死而后已。自号曰哭庵。

慈母殡天，他在墓旁筑庐守孝，且为此庐取名"慕皋庐"，他仰慕皋鱼子的孝风。《韩诗外传》中记载了那位大孝子的言行："皋鱼子被褐拥镰于道旁曰：'树欲静而风不宁，子欲养而亲不待，往而不可得见者，亲也。'遂立枯而死。"易顺鼎没有像皋鱼子那样当即枯死（中风或脑溢血）在路边，却也孑影茕茕，念及母死不可复生，心中至感悲恸，为此他哭了整整三年，直哭得目成涸辙，舌为枯根，哭得多了，哭声竟仿佛三峡的湍流，有万马奔腾之势。从此，他自号"哭庵"，笃定做个伤心人，终其一生。他在《哭庵记》中写得十分清楚："吾之哭与贾谊、阮籍、唐衢、汤卿谋等不同，只哭母而不哭天下。"孝子哭慈母之颜不可见，忠臣哭昏君之心不可回，英雄哭用武之地不可得，志士哭天下之事不可为，四者本无高下之分，只不过伤心人别抱琵琶，曲调各异而已。

哭庵中年筑屋于庐山三峡桥一带，取名"琴志楼"。他喜爱此地松林邃密，兼有流泉可听。他为新居自制两联：

筑楼三楹，筑屋五楹，漱石枕泉聊永日；
种兰百本，种梅千本，弹琴读易可终身。

三闾大夫胡为至于此？
五柳先生不知何许人。

远避红尘，栖此长林，也不赖。然而，他骨子里却是个耐不住寂寞的人，又如何能久过山中绛雪（丹药）为饭，白云为田的生活？

哭庵隐居庐山期间，创作了许多意兴遄（chuán，快速）飞的诗歌。这些得天独厚的佳作深得湖广总督张之洞的激赏。张之洞不仅是封疆大吏，同时也是学问大家，他在武汉创办两湖书院，延请天下名师主讲其中，培养出大批人才。张之洞评点易顺鼎的《庐山诗录》，颇多溢美之词："此卷诗瑰伟绝特，如神龙金翅，光彩飞腾，而复有深湛之思，佛法所谓真实不虚而神通具之者也。有数首颇似杜、韩，亦或似苏，较作者以前诗境益深造诣，信乎才过万人者矣。"能让张之洞这样不吝其词地奖誉，哭庵想不名满天下都不可能。其后不久，他被张之洞聘去主持两湖书院经史讲席，因此成为张之洞的记名弟子。

张之洞好诗好客，平日乐见奇材异能之士，易顺鼎一度是湖广总督府的常客，却也有不受待见的时候。有一天，张之洞吩咐幕宾："近来我心绪不佳，若跟哭庵见面，必有一场大恸，故不如远避之。"哭庵见拒受阻，便指天发誓："哭者有如此日！"张之洞就姑妄信之，在书房接见客人，可是见面才聊几句，易顺鼎就突然号啕痛哭。张之洞很生气，问道："你怎么说话不算数？"张总督拂衣而起，易顺鼎却紧紧抓住张之洞的袍服后襟不放，哭声更加惊天动地。张之洞无可奈何，只好耐着性子，等易顺鼎哭了个尽兴，这才端茶送客。

哭庵手挥凌云健笔，一生做诗近万数，"杀诗如麻"。汪国垣在《光宣诗坛点将录》中将他提点为"天杀星黑旋风李逵"，算得上慧眼识英雄，其评语如下："易顺鼎，快人快语，大刀阔斧，万人敌，无双谱。……实甫早年有天才之目，平生所为诗，屡变其体。至《四魂集》，则余子敛手；至《癸丑诗存》，则推倒一时豪杰矣。造语无平直，而对仗极工，使事极合，不避熟典，不避新辞，一经锻炼，自然生新。至斗险韵、铸伟词，一时几无与抗手。"钱仲联在《近百年诗坛点将录》中则将易顺鼎提点为天哭星双尾蝎解宝，评语赞中有弹，褒中有贬："樊、易齐名，哭庵才大于樊山，自《丁戊之间行卷》至《四魂集》，各体俱备。山水诗最工，其游庐山诗，经张之洞评定者，皆异彩辐射，炫人眼目。晚年老笔颓唐，率多游戏。"也有人特别欣赏易顺鼎晚年的诗作，这人就是易顺鼎的儿子易君左。有其父必有其子，易君左也是诗人兼名士，他在《我祖我父之诗》一文中评论道："先父一生爱游山水，崇拜美人，少年以公子身份，抱卓越才华……一入晚年，身世之感更深，而诗力更雄。……古诗樊篱，在晚年诗内已不复存在，虽有些涉及醇酒美人，但全是真性情流露，绝无道学家假面具。"诗人的生存状态原本与世俗常人有所不同，易顺鼎爱走极端，反映到他的诗歌里，居然一点也未走样。

放浪形骸的人就算喜欢做官，也不会做官，因为他们不可能自觉遵守官场的游戏规则。哭庵在官场里混来混去，混了半辈子，直到四十多岁才混出点名堂。己亥年（1899）冬，他得到两江总督刘坤一的荐举，奉旨晋见慈禧太后。慈禧太后居然还记得易顺鼎曾是"五岁神童"，她询问江南的情况，哭庵逐一作答；当谈到皇上读书一事时，他不失时机地称道恩师张之洞学问精深，如果皇上要请师傅，张是顶好的人选。哭庵有才智，又得强力者引荐托举，却未能青云直上，固然有其诗人性情频频作祟的一面，还由于他的兴趣容易转移。转移至何处？就是风月场温柔乡的"彼美一姝"。美人可以养目，又岂止养目这样浪费资源？哭庵锦心玉貌，平生喜欢顾影自怜，风流自赏，早就跻入了登徒子的班次。

好色如狂痴

文人狎妓，由来久矣，大雅如苏东坡，也未能免俗。清末文人眼看国势危殆，前途渺茫，更加醉生梦死。哭庵与袁世凯的二儿子袁克文交情颇深,又与大诗人樊增祥雅相投契。"北樊南易"并称于世。樊增祥,字嘉父,号云门,别署樊山,晚号鲽翁,自称天琴老人,湖北恩施人,曾任江苏布政使。据《汪穰卿笔记》所载,即使在国势危迫之时,樊增祥仍能好整以暇,召集僚友作诗钟,此举不免贻讥于世。有人曾调侃他:"樊方伯作诗钟,这是很有寓意的,不应当讥笑他。"究竟有何寓意?那人说:"这就叫'做一日和尚撞一日钟'啊!"由此可见,樊某虽有诗才,却只是禄蠹一个。

平日,易顺鼎喜好逛花街柳巷,尽情狎邪;惹倡条冶叶,多所攀折。他毫无觍(tiǎn,羞惭)颜,坦承自己有两大癖好:一为山水,二为女色。他的诗文十之七八是这两大方面的内容,艳情诗多遭世人诟病,被斥之为伤风败俗的诲淫之作。哭庵好色,如痴如狂,金樽檀板(乐器),舞袖歌扇,到处留情,虽老姿婆婆,兴犹非浅。他尤其喜好观剧捧角,常与樊樊山等同好去各大戏园子选色征歌,比之当今追星族,实有过之而无不及。此辈名士衰翁,喧哗跳踉(liáng,跳跃),得意忘形,仿佛吃下催情药,焕发第二春。他有《秋作》一首,泄漏出晚年的风流消息:"旗亭说梦一衰翁,说梦谁复在梦中?才替荷花作生日,又看梧叶落秋风。……还共少年贪把臂,真成临老入花丛。"其侧帽癫狂之态,由此可见一斑。

其师王闿运驰书半规劝半恐吓道："……乃至耽著世好，情及倡优，不惜以灵仙之姿，为尘浊之役。物欲所蔽，地狱随之矣。"对待这样的善意批评，易顺鼎通常是一笑置之，左耳进右耳出，我行我素，放荡如故。

梅兰芳初未成名，哭庵作《万古愁》一诗，极尽赞美之能事，使之声名鹊起。1916年2月，梅兰芳在文明茶园献演《黛玉葬花》，哭庵、樊樊山等名士前往捧场。此剧由姜妙香饰演贾宝玉，哭庵诋之不相称。有人当即打趣他："您去演如何？"哭庵答得轻巧："应当差强人意。"于是满座为之欢哗。翌年，张状元（謇）整顿江淮盐务，得暇款款进京，众老友为之日日排宴，请他欣赏梅（兰芳）剧。看戏时，张謇击节赞美，"此曲只应天上有，人间哪得几回闻"；哭庵风格迥异，依着性子，扯开嗓子，高声叫好，调门之大，足以震落梁尘。张謇的清兴一再受扰，不胜其烦，他对哭庵说："白发衰翁，何必学那些浮浪轻佻的少年叫破喉咙？"哭庵立刻反唇相讥："我爱梅郎，大声喝彩不失为光明正大，不像酸状元，习惯用文字取媚于人。"张謇是清末状元，曾赠诗扇给梅兰芳，哭庵揭发的就是这件事。张謇见哭庵语锋侵人，就引《打樱桃》中的台词加以讥刺："怎奈我爱平儿，平儿不爱我！"意思是，臭美什么？你爱梅郎，纯属一厢情愿，再怎么咋呼，也终归无用。矛盾顿时激化，哭庵的反击弦外有音："莫非你硬是要听了《思凡》才说好吗？"他这话戳中了张状元的痛处，张謇有一名宠姬，因色衰爱弛遁迹空门。张状元闻言好不难堪，一怒之下，意欲绝袂而去。恰巧樊樊山坐在他俩身旁，见情形不妙，马上出面当和事佬，他用《翠屏山》的剧词劝解道："'你说石秀，石秀也说你。'两位还有什么好争强怄气的？"一语解纷，两只斗鸡火气顿消。这桩轶事妙就妙在双方（哭庵和张謇）墨守输攻，第三方（樊增祥）裁定为和局，用的都是戏剧台词，急切之间用得如此妥帖，恰如其分，非修养有自而莫办啊。虽只是一场短兵相接的舌战，那种文采风流着实令人拍案叫绝。

若论捧角之狂热，易顺鼎堪称古今第一人。哭庵一妻两妾，且与天桥艺人冯凤喜过从甚密，但他意犹未尽，兴犹未浅，对于绝色绝艺的坤伶依然倾心以予。起先他喜欢刘菊芬、金玉兰、小香水、小玉喜等名伶，《十伶谣》足见其痴情博爱："能愁我者梅兰芳，能醉我者贾碧云。能瘦我者王克琴，能杀我者小菊芬。能眩我者金玉兰，能娱我者孙一清。能温我者小菊处，能亲我者小香水。能恼我者小玉喜，能活我者冯凤喜。凤喜凤喜汝何人，天桥桥头女乐子。"后来，哭庵迷恋刘喜奎，常与罗瘿公、沈宗畸等戏友去这位名伶家中作客，以博美人一粲为快。他每次登门,必定狂呼:"我的亲娘,我又来了!"诗人刘成禺以此为调侃的题材,吟诗一首:"骡马街南刘二家,白头诗客戏生涯。入门脱帽狂呼母,天女嫣然一散花。"刘喜奎称哭庵为干爹,两相抵消,还拜他为师,学习诗文。哭庵放浪于形骸之外,对刘喜奎的痴爱形之于诗,竟有格调极低下者,比如这首《七愿》:

一愿化蚕口吐丝,月月喜奎胯下骑。
二愿化棉织成布,裁作喜奎护裆裤。
三愿化草制成纸,喜奎更衣常染指。
四愿化水釜中煎,喜奎浴时为温泉。
五愿喜奎身化笔,信手摩挲携入直。
六愿喜奎身化我,我欲如何无不可。
七愿喜奎父母有特权,收作女婿丈母怜。

民国初年,鲜灵芝与刘喜奎各树一帜,鲜灵芝在广德楼,刘喜奎在三庆园,争巧竞妍,比拼声色之美,几十个回合下来,刘喜奎被一群色魔纠缠不休,不得已只好悄然引去,从此鲜灵芝独擅胜场,一时无人可与争锋。哭庵创作了多首长诗纪其演出盛况,其中数句活生生描绘出他的癫态狂形:

"……我来喝彩殊他法,但道'丁灵芝可杀'。丧尽良心害世人,占来琐骨欺菩萨。柔乡拼让与丁郎,我已无心老是乡。天公不断生尤物,莫恨丁郎恨玉皇!"使哭庵在诗中垂涎吃醋、掀髯讨伐的那位"丁郎",就是鲜灵芝的丈夫丁剑云,鲜灵芝本是丁的妻妹,十四岁时即被诱失身于丁某,其姊气死后,丁某强娶她为妻。鲜灵芝是丁某一手栽培出来的摇钱树,平日受尽苛待,少有自由,一度轻生,吞金自杀未遂,戏迷因此群起声讨丁剑云,闹腾得最凶的自然是易顺鼎,倘若他有鲁智深的武勇,准定会揍得丁某鬼哭狼嚎。丁剑云艺名为丁灵芝。当时艺人中叫"灵芝"的,除开这二位,还有年长的崔灵芝和李灵芝。灵芝号称仙药,能起死回生,清末民初的中国人多半醉生梦死,优伶以"灵芝"为艺名,显然含有把戏院当医院的意思,除了讳疾忌医者以外,谁能拒绝他们的救死扶伤?鲜灵芝芳龄十九,鲜嫩欲滴,哭庵形容她是"牡丹嫩蕊开春暮,螺碧新茶摘雨前"。鲜灵芝有倾城之貌,唱腔玉润珠圆,再加上她善于暗送秋波,撩逗看客,因此不少观众为之疯魔,喝彩时,甚至有大叫"要命"的。于稠人广众之中,哭庵的喝彩压倒一切,别出心裁,他嚷嚷的是:"丁灵芝可杀!"此语一出,他要篡位的心思就暴露无遗了。

另有一事为人哄传:有一次,鲜灵芝在台上演《小放牛》,

小丑指着她说:"你真是装龙像龙,装凤像凤。"哭庵坐在前排,闻言一跃而起,大呼道:"我有妙对,诸君静听:我愿她嫁狗随狗,嫁鸡随鸡。"顿时闹了个哄堂大笑。管他娘的是丑态百出也好,四座皆惊也罢,哭庵早已目无余子。那段时间,他的诗首首必及鲜灵芝,好比俗语所讲的"阵阵不离穆桂英"。

哭庵老当益壮,晚岁偷学少年,薰衣刮面,涂脂抹粉。樊樊山抓住这十分趁手的老来俏的题材,多次写诗挖苦讽刺:"极知老女添妆苦,始信英雄本色难。"意犹未尽,又补一刀:"妇衣乍可更何晏,男色将来毋董贤。"何晏是何许人?他是曹操的养子,姿容俊俏,是位搽粉专家,世称"傅粉何郎";董贤是何许人?他是汉哀帝的宠臣,二十二岁就官至大司马,权倾一国,其所以暴兴如此之盛,因为他是一位男风(同性恋)专家,正投合了哀帝所好。樊樊山的诗谑而至于虐,真是高手的恶作剧啊!

哭庵,哭庵,自哭母三年之后,眼泪的大闸就无法关闭,由其早年坚称的"天下事无不可哭,然吾未尝哭"变为"天下事无不可哭,吾遂哭之"。他用诗歌表明自己的真性情:"我诗皆我之面目,我诗皆我之歌哭。我不能学他人日戴假面如牵猴,又不能学他人佯歌伪哭为俳优(演员),又不能学他人欲歌不敢歌、欲哭不敢哭,若有一物塞其喉。歌又恐被谤，哭又恐招尤，此名诗界之诗囚。"在他心目中，薄命的美人尤为可怜，尤为可哭。哭庵暮年，其火热情肠并不逊色于青皮后生，他长期以怡红公子自命，将一班美貌金嗓的女伶视为大观园的诸姐妹。他作诗《数斗血歌——为诸女伶作》，愿为众姝呕血牺牲，此诗腾于众口，传诵一时。诗中对名伶金玉兰赞誉极高："金玉兰，我曾见其演《新安驿》，北方佳人真玉立，明眸巧笑俱无匹，浩态狂香皆第一。风流放诞定与文君同，玉体横陈堪夺小怜席。能破城阳十万家，还倾下蔡三千邑。"他偶然得知金玉兰姓张，祖籍直隶（今河北）南皮，与先师张之洞同姓同籍，遂于人前称金玉兰为"张南皮"。哭庵对人说："我看见玉兰，就仿佛看见了文襄（张之洞死后谥'文襄'）先师，假如能让我跟她晤言一室之内，哪怕是当场给她磕三个响头，我也在所不惜！"这想法简直将哭庵魔魇住了，于是他用巨金贿赂金玉兰的干爹许玉田，再三哀恳，许玉田勉强应承为他安排。殊不知金玉兰具有一般女伶所不易具有的坚贞品性，对那些趋之若鹜的好色之徒，一律拒之门外。哭庵声名狼藉，自然更属于她所轻蔑的首选对象。许玉田受人钱财，替人消灾，答应略施小计：由他创造时机，让哭庵与玉兰无意间撞见，然后再婉转陈词，疏通款曲（诚意和深情），大抵不会惹怒美人。哭庵闻言，拊（fǔ，拍）掌大喜，数日后，他著盛装，携厚礼，依约拜访许玉田，当然是醉翁之意不在酒，在乎"美味玉兰片"也。讵（jù，怎）料金玉兰一听"易实甫"（哭庵字实甫）三个字，顿时怒火攻心，痛骂不止，迅疾转身返回自己的房间，再不肯出来。如此场面，如此结局，哭庵既丢脸，又扫兴，只好自恨无缘。此后，玉兰回乡省亲，正逢党狱兴起，直隶一地捕杀多人，传闻金玉兰也被捎带入案，惨遭枪决。哭庵悲愤莫名，无以自解，写诗抗议道："天原不许生尤物，世竟公然杀美人！"感伤数日，才知这条噩耗纯属愚人节的误传，又不禁癫喜万分，有若杜甫当年听说官军收复蓟北，"漫卷诗书喜欲狂"。金玉兰患白喉逝世，年仅二十六岁，尚是云英未嫁之身。哭庵在印铸局代局长任上，接罗瘿公来电，得知噩耗，顿时如丧考妣，昏厥在地，良久才苏醒过来。玉兰尚未装殓，哭庵坚请抚尸一哭，玉兰家人再三挡驾，但见他哭得惊天动地，不得已，就应允了他这个不合情理的请求。哭庵进入内室，紧抱玉兰的寒尸，大放悲声，丝毫不低于当年哭母的水准。他素日体虚，竟因此染上重病，委顿久之。金玉兰发丧时，哭庵力疾前往，扶棺志哀。当时报上有诗纪事："如此兰花竟委地，满座来宾皆掩泣。座中泣声谁最高？樊山、实甫两名士。"还有同调者啸泉撰文激其颓波："……闻易哭庵先生，亦感玉碎于须臾，悼兰摧于俄顷，曾演双吊孝（樊樊山也有份）之活剧，入芝兰之室，号啕而痛哭焉。噫！钟情之甚，不觉过于悲痛耶？然而泣尽眼中之泪，难回既逝之魂，抑或借金玉兰以自哭耶？伤心人别有怀抱，吾于易先生之哭有同情矣。"哭庵赋诗悼金玉兰，劈头四句为：

位比花王称武艳，籍同修县附文襄。
美人短命真为福，女子多才定不祥。

是真名士自风流。哭庵怜才好色，出于天性，至老而不衰。其昵友樊樊山每每取笑哭庵"贪财，好色，不怕死"，又有促狭鬼将三事并为两案：一为"贪财"，二为"好色不怕死"。说哭庵"贪财"，是由于他每月各项收入加起来高达千元光洋（民国初年，普通百姓人均月收入不足十元），却依然在人前人后哭穷，说自己没钱刻诗集。哭庵"好色不怕死"，事例比比皆是，已无须一一枚举。其实，哭庵是怕死的，他怕冷枪，怕流弹，怕乱匪，怕冤狱，所以他要躲，径直躲进风月场、温柔乡去，耽于女乐，以安孤心，以慰惊魂。他成长于幸福家庭，从小受尽呵护，鲜尝痛苦，应该说，他的性格比一般人更脆弱，一旦直面惨淡的人生，他就无可奈何，唯有束手裹足。这位真情至性的天才诗人，爱美，爱艺术，爱那些名已喧腾而身犹卑贱的女伶，又有什么可奇怪的？这种异常强烈的爱使他忘记了乱世的悲风苦雨，也使他忘记了自己的年龄。他用真情去爱，爱得轰轰烈烈，真爱能使懦夫变为勇士，所以他敢去抚尸痛哭，不怕可畏的流言，不怕夺命的疫病。从这个角度说他"好色不怕死"，大抵还是对的。他爱女伶，固然是好色的天性使然，但他用情至深，用意至诚，对美丽的女伶尊重有加，并非居心玩弄，从未使出猥亵强求的霸王手段来。一事能狂便少年，其用心痴癫，也说明他为人真挚，不耍贼奸，比那些道貌岸然、心实龌龊的家伙要强出一大截。

做不成烈士，便做名士

你也许会说，堂堂七尺男儿，易顺鼎应该深明"天下兴亡，匹夫有责"的大义。这话当然是不错的。哭庵早年也想有一番作为，他在广西龙州署理太平思顺道半年，因为极力反对"裁绿营，停边饷"，触怒两广总督岑春煊。岑春煊岂是好惹的。他在广东布政使任上时，劾罢两广总督谭钟麟，这是清朝绝无仅有的事情。他在甘肃布政使任上时，毅然向陕甘总督陶模求兵，率先勤王，保护慈禧太后、光绪皇帝去西安避难，立下大功，深得老佛爷的信任。岑春煊敢作敢为，才大胆壮，在两广总督任上时，他捕杀广西巨盗陆、梁二人，注血满杯，当着广西巡抚柯逢时的面，一饮而尽，举座为之震惊。遂有"猛虎"之号。如此强悍的封疆大吏又怎会把著名诗人放在眼里，岑春煊将易顺鼎定性为"实属荒唐"、"不谙治理"，斥之为"名士画饼"（讽刺他只是画饼样的名士，于国无用）。由于双方龃龉难解，岑春煊上奏参劾。哭庵眼看自己行将落职，很不服气，他以北宫黝的名言"恶声至，必反之"壮胆，致电朝廷，将岑春煊劲射过来的皮球再踢回去："为宪台保桑梓，为朝廷保地方，顺鼎并不荒唐，恐荒唐别有人在！"在龙州驻节督办广西防务的好友郑孝胥打趣道："他那里正要裁兵，你这里倒要养勇。"意犹未尽，郑孝胥还集四书成句为联以慰哭庵，上联失于记载，下联见于稗钞，"假我数年，五十以学易，方寸之木可使高于岑"，联语中嵌入两位冤家的姓，郑孝胥显然是在为哭庵发言助威。

据李伯元《南亭笔记》所述，易顺鼎离开伤心之地广西龙州后，决定乘船去上海散心，沪埠好友闻讯而调侃道："从此租界多一光棍，而官场少一通人矣。"也有朋友劝导哭庵："君至上海，勿荒于色，遵时养晦，当有复起之时。"哭庵却并不领情,他说:"我到了上海,是目中有妓,心中无官的了。"

哭庵目睹国土沦落敌手,也曾上书言战,力主"罢和议,褫(chǐ,革除)权奸,筹战争",词锋勇锐非凡,披肝沥胆;他还曾横渡海峡,抵达台南,投奔黑旗军统帅刘永福,决意抗击倭寇。《寓台咏怀》一诗写得壮气充盈,豪情澎湃:

> 宝刀未斩郅支头,惭愧炎黄此系舟。
> 泛海零丁文信国,渡泸兵甲武乡侯。
> 偶因射虎随飞将,曾对盘鸢忆少游。
> 马革倘能归故里,招魂应向日南洲。

易顺鼎愿意战死疆场,马革裹尸还,但事与愿违,清政府与日本政府签订《马关条约》,割弃台湾,刘永福也因粮饷不济最终放弃台南。于是,几声"奈何"之后,他一任颓放而不可收拾,将"爱国主义"移情而为"爱帼主义",沉醉其中,难以自拔。任凭恩师王闿运的警训响在耳畔:"乃至耽著世好,情及倡优;不惜以灵仙之姿,为尘浊之役。物欲所蔽,地狱随之矣!"他不怕恐吓,反倒觉得"地狱"比人间要好得多!

在专制时代,国家只是帝族的私产,人民只是皇家的奴婢，主子嫌你忒多事，你还能不敛手抽足，识趣而退吗？哭庵是寒了心的，那时无数士子也都寒了心。

按理说，易顺鼎应该很容易堕落为邹容在《革命军》中所讽刺的那类"名士"，"名士者流，用其一团和气，二等才情，三斤酒量，四季衣服，五声音律，六品官阶，七言诗句，八面张罗，九流通透，十分应酬之大本领，钻营奔竞，无所不至"，但哭庵心中有一腔孤愤和深情，最终用近乎癫狂的姿态保存了自己残剩的人格和自尊，这可说是不幸之中的万幸。由于文人积习太深，他注定做不成革命志士，对此，我们不必苛求于他。若超越历史的固有时空，站在今人的立场，以今人的眼光去打量，用现代的头脑去评判：我们既要赞许一些人为国家大政、民族大义浴血牺牲，也应当准许一些人为自我本色、艺术本真而苟全性命，只要他们不曾背叛良知，出卖灵魂，那么谁也没有资格谴责他们的生活方式。在清末民初的史料中，涉及哭庵的笔墨不少，常有其同时代人在肯定他的天纵诗才后，笔锋一转，骂他是"色中饿鬼"、"花间老蝶"、"丑态百出"、"文人无行"、"不知人间羞耻为何物"，诸如此类。哭庵好涵养，所有贬斥和诟谇（gòu suì，辱骂）他照单全收，一一笑领，从不计较，也不反驳。应该说，他心中全无障碍，活出了本色天真，那些身着迷彩服的"大人"、"君子"反而不攻自倒，委琐不堪。

三尺积尘掩不住血光灼灼、泪光熠熠的近代史，英雄豪杰才子佳人联翩而至，复活于眼前，可谓"惊才绝艳"，非此四字不足以形容。以后人的眼光来看，乱世固然是悲哀的，又何尝不是美丽的？哀感之后的顽艳（极其艳丽），只剩凄凉！

光绪年间，哭庵游宦河南，任开封乡举监考人，请一位算命先生推过铁板神数，虽说在五十七八岁时"赖有吉人扶，当今复用吾"，他仍有官运可走，但神算子强调，他的寿命难过五十九岁大限。1916年，易顺鼎五十八岁，恰逢袁世凯帝制自为，他欣喜若狂，改名更生，为此赋诗一首："此前譬如昨日死，以后譬如今日生。产出中华新帝国，小臣亦改更生名。本无五十八岁我，帝国元年我始生。谁与我同生日者？同胞四万万同庚。"他以此为厌胜（用法术诅咒或祈祷以达到制胜所厌恶的人、物或魔怪的目的），企图蒙混过关（鬼门关）。这一招似乎很灵，易顺鼎活过了五十九岁，直到六十三岁（虚岁）生命才告终结。

在清末民初的诗坛，易顺鼎与樊增祥齐名，他赞许对方为"平生第一知己"。然而樊增祥对此定位并不受用，对易顺鼎意下不无轻视，在致诗人黄哲维的手札中，他坦白相告：

"索观挽石甫（易顺鼎亦字石甫）诗，今以写寄，弟于此子意极轻之，而又怜之。轻之者，恶其无行也。怜之者，惜其有丽才而潦倒一生也。至其临殁一年，所受之苦，有较刀山剑树为烈者，亦足为淫人殷鉴矣。死前数日，新集排印成，或谓错字尚多，请其改正，渠卧而叹曰：'错讹由他，谁来看我诗也！'亦可悲矣。"嗣后，樊增祥为易顺鼎的新诗集题诗，末尾两句是"一世好名复好色，可怜生死穷愁中"，他对这位老友极轻视而又极同情，倒也没说半个字的假话。

樊增祥称易顺鼎为"淫人"，算不上诬蔑。易顺鼎晚年沉湎于声色，几近疯狂，因此患上严重的梅毒，痛苦万状，无药可医。1920年，易顺鼎病重，友人奭（shì，姓）良前去探望，哭庵正忙于编定自己的诗集，他说："非病也，才尽耳！无才，不如死。"没多久，他就去世了。有好事者别出心裁，代鲜灵芝撰成一副语气戏谑的挽联，送给易顺鼎：

灵芝不灵，百草难医才子命；
哭庵谁哭，一生只惹美人怜！

哭庵的生命已被死神席卷一空，唯独三副热泪长留人世。"不知年年辽海上，文章何处哭西风？"自古才子就是这样问的，至今仍无标准答案。

后之视今，亦犹今之视昔。倘若还要一路问下去的话，后人的问题就会提前浮出海面："寄迹于这等人间，托身在如此时世，你们为什么而哭？或者，你们为什么不哭？"你我该怎样回答呢？

叶德辉

恶之花

有趣的坏蛋往往胜过乏味的英雄。

孔子的入室弟子端木赐（子贡）曾说过一句至理名言，古今不少粗心大意的读书人都将它草草地忽略了。他的原话是："纣之不善，不如是之甚也。是以君子恶居下流，天下之恶尽归焉。"（《论语·子张第十九》）子贡无意为残民以逞的暴君商纣王推翻铁案，而是借此告诫天下君子，千万别处秽投污，行恶施暴，否则，所有的坏事将由你一肩扛、一头顶，所有的黑锅也由你一人背。商纣王发明炮烙酷刑，剖视王子比干的心，这类又毒又狠的坏事招致天怒人怨。因此后人读历史时就一口咬定商纣王把坏事做绝，恶行罄竹难书，擢（zhuó，拔）发难数。这怪得了谁？难道商纣王的枯骨还有资格鸣冤叫屈吗？一个人滞留在青蝇集散地，想干净也干净不了，只会越来越臭，臭到千人侧目、万夫掩鼻的地步为止。

在近代湖南，论声名狼藉，如果叶德辉（1864—1927）甘认第二，就无人敢认第一，即算放在全国士林中进行大比拼，他也能昂然直跻三甲之列。做坏蛋要做到尽人皆知，非高手而莫办。《水浒传》中牛二那样的孬货,纵然不被青面兽杨志用祖传宝刀当柴劈了,活够三世三身,也绝对修不成正果。

叶德辉早已被疾恶如仇的史家打入十八层地狱,一层又一层,覆盖在上面的尽是臭烘烘的溷(hùn,浊)秽垃圾,谁还愿意挥一挥镐头将他刨挖出来,用清水濯洗数十百遍?一位当代知识分子,假如放弃独立见解,人云亦云,唾骂叶德辉是一颗"社会毒瘤",够省事的,但若肯往深处打量他几眼,就会发现事情还有被遮蔽的另一面。

叶氏的功过如何划分?有人主张对半开,香臭各占五成。尽管香味和臭味的化学分子式一模一样,但世界上的事情总归是香不抬臭而臭能掩香,于是乎叶德辉想要咸鱼翻身,只怕释迦老祖和玉皇大帝的两路救兵同时拍马赶到,也顶不上缸,帮不上忙。

叶德辉是学者?是藏书家?是湘剧拥趸?是才子?是浑球?是恶棍?是淫魔?这一揽子名号,他闭着眼睛照单全收,决不退货。他集大成,大成则为至圣,只可惜这个"圣"字在他那里已变为歧解。完全没有障碍了,风流潇洒到他那地步,还不死于非命,天理(其实是人理)何存?

恶与美牢牢地黏结在一起会是什么?要我回答,是恶之花。

既然美中有恶，恶中有美，恶之花的现值和期值均大。

将叶氏的"光辉履历"像煎南瓜饼一样多翻看几眼，你可能会沉吟，长叹，冷嗤，热骂，也极有可能莫名其爱恨。

"有趣的坏蛋往往胜过乏味的英雄"（张远山语）——尤其是那些不用多长时间就会变得馊不可闻的"英雄"。恶之花自有一种眩惑人的持久魔力。

小心吧，他要款款登场了。

讽刺联　诗谶　取死之道

不知是"天下无事我有事"的念头作祟，还是所谓的"道德勇气"撑腰，胆大的读书人往往喜欢干些冒天下之大不韪的祸事，起初只是游戏一把的意思，以为好玩。殊不知，书生玩自己的命，比魔术师玩吞刀吐火要危险得多。清初文学家褚人获早就对读书人有所提点："历代缙绅之祸，多肇于语言文字之微。"可惜叶麻子将此遗训抛诸脑后。

1926年，湖南农民运动风起云涌，声势异常浩大，全国其他省份望尘莫及，顽硬不服的地主乡绅纷纷掉了脑袋，胆小怕事的一个个灰溜溜夹紧尾巴。就在这种雷霆万钧的形势下，几乎一夜之间，省会长沙众口喧腾着一副讽刺谩骂农会的对联：

农运方兴，稻粱菽麦黍稷，一班杂种；
会场广大，马牛羊鸡犬豕，六畜成群。

此联首嵌"农会"二字，一目了然，作者将农运分子骂为"一班杂种"和"六畜成群"，措辞可谓毒辣之极。此联的横批是"斌尖卡傀"，乍看去令人费解，细细琢磨，暗藏玄机。原来作者是在故意玩弄文字游戏，咒骂农会"不文不武（斌），不大不小（尖），不上不下（卡），非人非鬼（傀）"。对于农民协会，作者肯定衔有不共戴天的仇恨，要不然，用语怎会如此刻薄？

当时，湖南农民协会领导人是郭亮和柳直荀，两人听闻这副对联，怒不可遏，决意明察暗访，揪出那位蓄意败坏农民运动形象的反动分子，对其"批判的武器"施以"武器的批判"。庸才弱手绝对写不出这样高水平的讽刺联，于是郭亮和柳直荀将"？"往省会名家堆中一投，立刻钓起一尾最喜欢兴风作浪的"金枪鱼"。这位胆大包天的名家是谁？他就是长沙地面上能踩得鬼叫、能吓得人死的豪绅叶麻子——

叶德辉。

叶德辉并不胆怯,满是一副愤世嫉俗、敢作敢当的神气,根本没把农民协会放在眼里。他要狙击的目标正多,主张男女平权的妇女协会也未淡出他的射程。他原以为这回捏了只软柿子,其实不然。妇协委员十分泼辣,哪里肯买他叶麻子的烂账?她们在公开信中放胆抒愤:"恨不得食其肉而寝其皮!"叶麻子一见此语,顿时乐歪了嘴,痞子腔打得山响,他浪笑道:"吾老矣,心有余而力不足。如欲寝吾皮,则吾骨瘦如柴;如欲食吾肉,今愧不及三寸,君等有兴且试一试!"闻者无不以为下流,而叶德辉照样快活自在,风流自赏。

在名士易培基(此人曾为毛泽东的老师,出任过早期国民政府农矿部长和教育部长)所设的酒宴上,叶德辉看到一幅出自大名家王闿运的《食瓜图》,喜其清爽雅致,一时酒兴诗兴两相高,遂题数韵于其上,妙句"芬芳吞六子,尘梦冷三刀"可谓别有凉意,座中识者已觉不祥。

一周后,1927年4月11日,叶德辉就遭罹血光之灾。此前,他已风闻湖南特别法庭将处决一批反革命分子,以纾民愤。叶德辉颇有自知之明,这么多年他没少结怨,没少树敌,论到反东反西反时代反革命,不用谦虚,他叶麻子跳起来,比任何人都高,堪称一员冲锋陷阵的悍将。

风声太紧,老友避之如瘟神,也难怪,此时此刻人人自危,谁吃了豹子胆,敢借给他叶麻子一席藏身之地?叶德辉狡兔三窟,其中一窟在长沙市南门口樊西巷的妓寨(可惜不是瓦岗寨),那里是他新辟未久的落脚点,似乎较为安全。其实,对他的行踪,巡查队已预先布控,只等上峰一声令下,就来个瓮中捉鳖,直接将他拎往刑场,由革命法庭当众宣判:"不杀此贼不足以平民愤!"

诗谶果然灵验之极。叶德辉的脖子虽未曾痛吃三刀,但枪毙时,身中两弹(据其子叶尚农回忆,"身受两枪。一中头部,一中心部")。

在清末,叶德辉有钱,有名,在省城长沙还有盘根错节的势力,要风得风,要雨得雨,连地方官都惧他三分,让他三分,谁敢挡他叶吏部的路?进入民国,世变时迁,他大势已去,却一仍故习,不肯韬光养晦,改弦易辙,依旧到处说怪话,耍痞腔,唱歪调,尤其是拿鸡蛋碰石头,走错了路,吃错了药,竟然去寻农民协会的晦气,不死又待如何?一辈子玩世不恭,就像在高空走惯了钢丝的老艺人,胆子大了,脑袋发热,自以为绝技可恃,盛名可凭,谁都拿他没辙,凡事他都能玩得倍儿转,开得了头就收得了尾。叶麻子有两句自况诗,"九死关头来去惯,一生箝口是非多",殊不料,夜路走得太久，他迟早会撞见鬼魅，岂止是非多，连危险也大。放肆猖狂实为叶麻子的取死之道，他明知不可为而为之，不用说，下场很惨。

1927年5月1日，《顺天时报》以醒目的版位刊载了《被党军枪决之叶德辉》的通讯。在遗老遗少中，这条消息引起极大的震恐。不少人认为，这是再明显不过的信号，守旧派的好日子已到尽头。其中最焦虑最苦闷的，莫过于清华国学研究院著名教授王国维。身为不肯改悔的保皇分子，他与新时代格格不入，瞻望前途，深感悲观。于是，他写下了死志昭然可见的遗嘱，说什么"五十之年，只欠一死，经此世变，义无再辱"，专门挑选6月2日（阴历五月初三，端午节前两天）这个阴晦惨淡的日子，效仿屈子怀沙自沉的解决方式，毅然决然地跳进了颐和园鱼藻轩附近的湖水中。

这是典型的蝴蝶效应，叶德辉的死引发了远处的"雪崩"，使当世无二的大学者王国维在黄泉路上奋起追踪，叶氏真可谓虽死犹荣。

1931年6月18日，胡适为叶德辉遗札册页题词，有感而发，写下这样一首"寓庄于谐"的打油诗：

郋园老人不怕死，
枪口指胸算什么！
生平谈命三十年，
总算今天轮到我。

杀我者谁共产党。
我若当权还一样。
当年誓要杀康梁，
看来同是糊涂账。

你们杀我我大笑，
我认你们作同调。
三十年来是与非，
一样杀人来翼教。

胡适的这首白话诗调侃多过惋惜，批判多过同情，表明新派人物对旧派人物丝毫不存兔死狐悲之感。叶德辉一贯逞强，喜欢以儒道正统自命而排斥、打击异端思想，欲置康有为、梁启超、谭嗣同于死地，孰料命运来了个黑色幽默，让拼命修理异端的人同样遭到了异端致命的修理。胡适的诗正话反说，其中显然还暗藏着一层意思，那就是：他并不赞成杀人翼教（保护孔教）的游戏，他主张思想自由，思想无罪，可惜这一层意思过于模糊，许多人很难能领悟到。

收藏家　学问家　精致的生活

叶德辉字焕彬，号郋园。曾国藩攻破江宁（南京）那年（1864），他出生于商贩之家。因为小时候出天花不净，留下满脸麻斑，所以讨厌他的人背地里呼他为"叶麻子"。其父叶雨村，起先做水果生意，随后在坡子街、小西门、樊西巷开设染坊、槽坊、钱铺和百货号。此公心机工巧，算盘贼精，十余年间发了大财。叶雨村本是江苏吴县人，江、浙一带自古看重科第功名，他虽然人五人六，财大气粗，但并不希望子承父业，因此叶德辉从小接受良好的教育，西席（塾师）均为本地名流。他除了攻读八股制艺，于学无所不窥，被人誉为"读书种子"。青年时期，叶德辉就读于岳麓书院，弱冠（二十岁）成秀才，翌年中举人，二十八岁二甲进士出身。叶氏为人疏宕狂恣，肆言极行，受不了官场的绳墨规矩，他只在吏部主事任上待了短短一年时间，就以奉养老亲为由，获得长休，回家享受诗酒风流的神仙生活。

叶德辉天资极高，勤力于学问。他研究文字学、目录学和版本学，卓然为一时不可多得的大方之家。说来有趣，他研究文字学纯属机缘巧合。十九岁时，他在书铺中偶然见到学者孙星衍的《问字堂集》，其中《释"人"》一篇将"人"字的来龙去脉疏证考释得明细如发。叶德辉一口气读完，仿佛饱餐了龙髓，兴奋得电流穿身。此后他广搜博采，纠错补遗，对于原有的释词一一详加考订，汇为《释人疏证》二卷。叶德辉对文字学研究的兴趣从此一发而不可收，他别号郋（xí）园，郋，是汉代大文字学家许慎（《说文解字》的作者）的故里地名，由此可见叶德辉取法乎上，自视甚高。《郋园小学四种》中收有《六书古微》十卷、《说文读若字考》八卷、《同声假借字考》二卷、《说文籀文考证》二卷，皆为髓慧心智之作。著名学者杨树达在《郋园先生全书·序》中称赞叶德辉是"旷代之鸿儒"，这绝非漫不经心的谬奖。

如果藏书家纯以购藏为目的，仅为小焉者也。叶德辉搜求大量的珍本秘籍，比照多种旧版本，加以校雠（chóu，校对并考证），使之臻于尽善尽美。尤其难能可贵的是，他将这些善本书雕版刻印出来，发行天下，流泽学林。叶德辉家资雄厚，于汲古（购买古籍、古画、古董）一项，从不吝钱。光绪年间，一些大藏书家的珍贵版本陆续散出，叶德辉倾资购买，其中湘潭袁芳瑛卧雪庐、商丘宋荦纬绣草堂、曲阜孔晋涵红榈书屋的藏书价值很高。叶德辉还将自己所藏秘本少量影印，与日本学者和国内藏书家互通有无。经多年苦心经营，叶德辉共计收藏宋、明两代珍贵版本四千余部，二十多万卷，重本、别本为《四库全书》数倍之多，其藏书富甲天下，王侯莫及。叶德辉在其住处长沙苏家巷以西建成书堂五楹，名为观古堂，将藏书分为经、史、子、集、丛五类，环置其间。叶氏的藏书有不少世所罕存、极为珍稀的宋、元旧椠(qiàn，版本)，如北宋胶泥活字本《韦苏州集》、金刻《埤雅》、宋刻《南岳总胜集》、南宋刻陈玉父本《玉台新咏》等。此外，还有精校名抄的孤本秘籍，多为失传的古书。当时，不少大户子弟家道中落，乐得将家藏珍籍一股脑儿卖给叶德辉，因为叶氏慧眼识珠，手面阔绰，而且对自己看准了的版本从不胡乱砍价。除了收藏珍本秘籍，叶德辉还收藏名家字画、古钱和古印，光是汉印一项，叶氏就罗致了四十余方，可谓价值连城。

叶德辉收藏古书，多多益善，他精于鉴赏，简直到了出神入化的境界。一本古书入手，他只要用眼睛瞄三瞄，鼻子嗅三嗅，手指捻三捻，当即就可判别出年代之遐迩，版本之真伪。王先谦、易培基等省会硕学名儒，遇到版本学的疑问，想去请教的第一人就是叶德辉，谁都由衷地佩服他在这方面目光如炬，明察秋毫。

积多年苦心孤诣，叶德辉对古书源流了如指掌，著《书林清话》一书，荟萃心得。对于叶氏的贡献，近代学者缪荃孙在序言中评价甚高："焕彬于书籍镂刻源流，尤能贯串，上溯李唐，下迄今兹，旁求海外，旧刻精钞，藏家名印，何本最先，何本最备，如探诸喉，如指诸掌。此《书林清话》一编，仿君家鞠裳之《语石编》，比俞理初之《米盐簿》，所以绍往哲之书，开后学之派别，均在此矣。"

叶德辉旧学精湛，当时的大儒，如广东的陈澧、浙江的俞樾、湖南的二王（王先谦和王闿运），都难入他的法眼。叶德辉嫉恨新学犹如宿世深仇，对康有为、梁启超、谭嗣同、皮锡瑞、熊希龄等维新派人物多方攻讦嘲讽。相比之下，梁任公则大度得多，尽管他认为"叶平日为人本不自爱"，但还是充分肯定叶氏"学问却甚好"。

叶氏在《书林清话》首篇《总论刻书之益》的开头就亮明态度："昔宋司马温公云：'积金以遗子孙，子孙未必能尽守；积书以遗子孙，子孙未必能尽读；不如积阴德于冥冥之中，以为子孙无穷之计。'……然积德而子孙昌大，或'金银'、'伏猎'之见讥，亦非诒谋之善。故余谓积德积书二者并重。"

叶氏虽名德辉，积德却只是一句空话，唯积书费尽心思。收藏家的悲哀总归一致，那就是毕生的心血结晶将被不肖子孙视为废纸烂铜，耗散一空。叶德辉作《买书》一诗，预先为子孙周全谋算：

> 买书如买妾，美色看不够。
> 买书如买田，连床抵陌阡。
> 田荒逢恶岁，书足多丰年。
> 二者相比较，同在子孙贤。
> 他日田立券，不如书买钱。

可他那位被人称作"牛皋"的儿子不仅与"贤"字丝毫未沾边，且愚不可及，待麻子老爹一死归西，就将他庋（guǐ，放器物的架子）藏的珍本秘籍成批成批地贱卖，有的甚至当成废纸，卖给附近的店家，派作包糖粑覆酒瓿（bù，小瓮）之用。秘籍孤本从此魂断香消，那些名画古印也沦落俗子之手，甚至被扔进烈火熊熊的冶炉，何止是明珠暗投，简直是暴殄天物。按照叶德辉的逻辑推导，这大概是因为他平日不积阴德所致，报应之来，其快如此。好在人只有一死，要不然，他还会被气得在冥府中再自杀一次。

叶德辉是不折不扣的大玩家，但凡大玩家必有许多细微的讲究，如纸墨笔砚何者为佳，琴棋书画瓷器屏风何者为妙，烟具茶具食具酒具何者为精，均丝毫马虎不得。处处做到大雅的份上，囊中羞涩固然莫办，倘若没有学问眼光，只在奢华一端狠下工夫，纵然整得金碧辉煌，仍难免被讥为伧俗（cāng sú，粗鄙庸俗）和恶俗。除了一应器物大为考究，叶德辉身边还多有喉清嗓嫩的娈童和秀色可餐的美女，经他悉心调教，一个个容冶万方，艺惊四座。当时，省会保守派名流常去叶德辉家喝茶抽烟，他们置身郋园，目之所接、神之所遇，均整饬精美，能在如此惬意的地方欢聚雅集，谁还羡慕天宫的神仙日子好过？

似叶德辉这样的高人，若安心在自家的洞天福地过神仙日子，不到处搅和，本可乐终天年，老死于户牖之下。然而，他如同一位暴戾的拳击运动员，在浴池中泡得浑身舒爽了，就立刻想到要把谁谁谁的鼻子揍得鲜血长流。在他的人生词典里，压根就没有"安分"一词，他追求刺激，那刺激还得格外持久和强烈才行。

搅屎棍

当年,在省城长沙,叶德辉与王先谦这两位大学者,可谓"焦不离孟,孟不离焦"。王先谦是晚清的硕儒,号称"著书满家,门生遍天下",其实反侧无行。他贿赂结交大内总管李莲英,获得江苏学政一职,还担任过国子监祭酒(太学校长)。后来,他深恐自己的清名被李莲英玷污,就上疏严劾这位大内总管,其中丑诋李莲英不是真太监一节,令慈禧太后雷霆震怒,这岂不是影射她秽乱宫闱吗?王先谦因此丢官,却在朝野间捞到正直敢言的美名。王先谦的著作有《荀子集解》《庄子集解》等数十种之多,他晚年出招甚新,足未履外国之土,目不识蟹行之字,东抄西摭(zhí,摘),假手于人,写成《五洲通鉴》《日本源流考》等书。国学大师章太炎评论王先谦"于诸学本无心得,唯通知法式"。王闿运更是一针见血,他对王先谦的好友冯世文说:"闻君与王葵园至善,可劝其少著书。夹七夹八,未免太难。"王先谦字益吾,号葵园,由京返湘后,稳稳地占据岳麓书院山长一席,以树艺旧学人才为己任,是近代湖南学界的一张"虎皮"。

表面上看去,叶德辉与王先谦是莫逆之交,实质上却是典型的势利之交。对此,《官场现形记》的作者李伯元在《南亭笔记》中有一段入木三分的解析："湘绅中以王益吾祭酒、叶德辉吏部为最顽固。……叶雄于资而无势，遂极意结纳于王；王以有势而无资也，亦折节交之。故二人交甚笃。凡有所为，王出其力，叶出其财，由是湘人并畏其人。"叶德辉与王先谦联手，与官方勾结，称雄于省会学界和商界，谁还敢来踢他俩的屁股？

经多方钻营，叶德辉集省教育会长、南区商团团总和火宫殿息争公所主事数股权力于一身，自称"坐山虎"。鱼肉细民，武断乡曲，正是他的拿手好戏。说起叶麻子的大名，当时的省城百姓无人不知，无人不晓，好哭的孩子也只要听说叶麻子来抓人，就立刻噤声，灵验有如此者。

早在"戊戌变法"之前，湖南巡抚陈宝箴开风气之先，力主维新事业，集结谭嗣同、梁启超、唐才常、熊希龄等一流人才于省城，创办时务学堂，由梁启超出任中文总教习，出版《湘报》，奋力为维新变法鼓与呼。叶德辉极端保守顽固，与王先谦、举人曾廉四处挑衅，攻击梁启超等人莠言乱政，所幸湖南巡抚陈宝箴多方保全，学政徐仁铸也同情变法。在三位反派角色中，尤以叶德辉斗志最高，冲劲最足。他撰写《輶轩新语》和《翼教丛编》，诬称谭嗣同、梁启超等人不仁不义，无父无君，是孔教的叛徒，而他要奋勇"翼教"，当然是护教的金刚了。孔二先生若泉下有灵,惊悉其神坛竟要靠叶麻子来拼命守护,不知作何感想。

1897年,意大利科学家马可尼(Marconi)已发明无线电,而在中国,大学者叶德辉却还在用近乎梦呓的"五行说"发表"高论",证明中国是世界的中心:"五色黄属土,土居中央;中国人是黄种,天地开辟之初,隐属中位!"实在可笑得很。

对晚清以来的种种社会变革,叶德辉均恨之入骨,但对一些跳梁小丑先后上演的逆时代潮流而动的闹剧丑剧,却趋之若鹜。袁世凯想登基过皇帝瘾,叶德辉就与北京的杨度、梁士诒等人遥相呼应,组织"湖南筹安会",自任会长一职,称臣劝进;张勋带领五千辫子兵潜入北京,大搞复辟活动,他又立刻通电捧场。像他这样梗着叫驴脖子死撑的"忠臣",倒也不多。每当朝代更迭之际,前朝的忠臣即是新朝的贼臣,处境相当尴尬,何况帝制已被彻底铲除,叶氏仍以"遗忠"自许,更难免左支右绌。做定了奴才的人,原已奴性入骨,传统知识分子的苦闷多半就源于为旧东家做奴才做惯了,忽然要改换门庭,从此另寻出路,心理方面颇感不适,而真正有独立人格和节操,既不东食也不西宿的知识分子则不可多得。

论敛财的工夫,叶氏当属一流,在小西门、坡子街一带,大小事务，他叶某人不同意，就决计办不成；要他同意也不难，打红包，摆酒席，开堂会，总须侍候得他心平气顺才行。光是包揽诉讼一项，他就财源滚滚。凡开罪叶氏的商民，轻则破钞，重则荡产。叶麻子对那些看不顺眼的人动不动就厉声呵斥："拿红帖子送局严办！"由于他与衙门里的人关系热络，这话倒也不是虚声恫吓，因此坡子街一带的居民皆畏之如猛虎。

1913年，湖南女界领袖唐群英借得坡子街烈士祠，创办富强女校，曾国荃的孙子曾霖生助其办学，具呈湖南都督署，愿将自家一处私产捐给该校。按理说，这种合情合法的捐助与外人无关，叶麻子不当插手。但叶氏是地头蛇，他认为对方踩在他的地皮上热热火火地办事，却不跟他打声招呼，摆明了不给他面子，是有意挑衅他叶某人的权威，这还了得？此前，他与曾霖生为一湘剧花旦争风吃醋，刚闹过一肚皮闲气，正好借此机会加以报复。他硬是打通门路，强行取消原批文，使唐群英办学受阻。唐群英一怒之下，以快邮代电，痛斥叶德辉为"惯痞"。

仅隔三天，叶德辉就在《长沙日报》上登出自辩词，含沙射影地说唐群英等人"一若深知该庙底蕴，日与僧人相处者"，并大言不惭地调侃道："鄙人惯痞，痞自前清。少年薄德，终日花天酒地，自命为'护花司令'，亦长为檀越主。自经中华民国全体不认之满奴瑞澂牵挂弹章，幡然改悔，清心寡欲，不履红尘。革命以后，自问无横草之功，既未尝钻充为临时革命之人，亦未尝入党为倚势欺人之事。'惯'已消灭，'痞'由何生？平生文章事业，百不如人。香奁艳体之诗，少年习染，今则无闻再过……"叶真有两手，遣词坦而放之，堂而皇之。在致缪荃孙的信中，他自鸣得意："辉动一纸诅之而了。盖天下强固无如辉者，故彼乃出此下劣之手段尝试之，辉正利其尝试，有以张吾威也。得此一举而后，辉乡居之德望，人心之诚服，外交之敏速，一一饱领之而去。"他自认为是得胜将军，简直比黄忠七十斩了夏侯渊还要来得快惬。

这根大号搅屎棍，尤其喜欢搅大事。1912年10月25日，黄兴乘坐楚同舰由沪转鄂抵湘，省会万人空巷，争睹这位开国元勋的风采。各界人士为了纪念黄兴的丰功伟绩，将德润门易名为黄兴门，将坡子街易名为黄兴街。这等于是在叶德辉的心窝子上硬生生地插下一把尖刀，依他的意思，强龙不压地头蛇，黄兴岂能抢占了他叶某人的地面风光！他将欢迎黄兴的各界代表统统嗤骂为"无知鄙夫，狐媚贡谀者"；意犹未尽，又说欢迎群众"以白布为地，以棉花染绿，撮成'黄兴街'三字。世俗讳绿而忌白，不知其义何居？"他既设疑，又解答，先是将黄兴贬为被人玩弄的"妇人女子"，又说改城门名"不祥甚矣"，历史上只有伍子胥悬首的苏州城门曾改为"胥门"。这就等于诅咒黄兴不得好死。民国初肇，正讲人权，言论自由是其中主项，叶氏打着痞子腔说了许多混账话，民国政府也没拿他怎么着，他要是换个时候开张，只怕他话才出口，头就落地了。

在中国，搅屎棍的下场总归好不到哪儿去。叶德辉狂搅一通，虽也搅出不少热闹把戏，使原本就不平静的社会变得更不平静，棍子够硬，胆子够大，但他搅局太无节制。叶氏喜欢拿棍子拨草寻蛇，或到处捅马蜂窝，以此为平生快事，结果再次印证了那条铁律："天作孽，犹可为；自作孽，不可活。"

在别的国家，公民说说怪话，搅搅局，没什么大不了的，正说明舆论自由权实属天赋。在中国，唯强力的执政者才拥有话语霸权，其他人耍怪腔，唱反调，只算捣鬼，只属作孽，断不可活。

才子+痞子=？

叶德辉满脸煞气，一副屠夫相，却自命为"风流才子"，寡人有疾，一生好色如狂。比起常人来，他的兴趣更为宽泛，既恋蟒（qín，小蝉）首蛾眉之娇，又有食桃断袖之癖。女色男风两相宜，色之所在，心之所爱。叶氏中年丧妻，无意续弦，说词可称绝妙："我于此道中得小小佳趣，何必多一个看牛伢崽！"他纳妾六人，意犹未尽，还要辣手摧花，婢女刘雪梅尚未成年，他就要尝鲜，雪梅抵死不从，叶德辉命令下人将一枚银簪钉进雪梅的头顶。雪梅惨死轰动省城，无奈叶麻子钱多，摆平此事，竟不费吹灰之力。周作人在《饭后随笔》中谈到过叶德辉的另一桩糗事，叶氏为皇帝选秀女，皮包不住胆，验货心切，自己"先都用过了"，巧的是，他凌辱过的秀女后来当上农会干部，叶麻子的性命终为小二哥所坏。

在长沙坡子街、樊西巷一带，妓寨中色艺出众的几位美眉，长期被叶麻子包占，成为他宣淫纵欲的工具。为了用理论指导实践，他还发掘出《素女经》、《洞玄子》等十余种古代房事秘籍，遵其战法采阴补阳。每当秘籍付梓，他唯恐读者置疑，卷首必附一篇心得体会作为序言，以证明诸般秘法至妙无欺。他生财有术，还敦请湖南总督谭延闿（书法家）

题签，故而销路大畅。

圣人之徒自有圣人之徒的高明之处，叶麻子公开宣称自己可以"身探魔域而心不出圣人之门"，他经常实验，召集好友和弟子在娼家论道讲学，让那些婉变迷魅的妓女脱光衣服歌舞嬉逐，他与同道中人则在一旁饮醇酒，赋艳诗；或让妓女袒坐怀中，任其百般挑逗，当场比赛谁的定性最佳，能为坐怀不乱的鲁男子。叶德辉精力弥满，常人莫及，如此极度宣淫，学问不仅不衰，还逐年长进，亦属奇迹。

叶氏一生"耻言高尚"，他择徒尤为精心，他立下"三不收"的规矩："天赋不高不收，气性不异不收，才学不优不收。"因此，其门人王运长、徐崇立、龚福焘、梁稚非等人都是湘省不可多得的才子。叶德辉带着这些门徒日夜豪游，春天立社，冬天起坛，名堂多多。长沙人目之为"十二神"，视为一大怪。叶氏门人中，梁稚非天分最高，他文思敏捷，笔致简古，然而荡检逾闲，放浪于形骸之外，效仿东晋的刘伶，夏日寸丝不挂，裸居于室，饮酒放歌，旁若无人。省城例行迎城隍活动，百戏杂陈，万人齐观，他竟与妖童曼姬共席相嬲（niǎo，戏弄），招摇过市。一般士流引以为耻，交口斥责，叶德辉却多方袒护，还由衷地夸赞道："此子的是可儿！"

"淫"之为事，常人最难把持，受叶氏影响，书法家黄自元的侄儿黄申之也经常出入娼寮（liáo，小屋）戏院，采野花，捧旦角，风流放任，直至荡尽家产，纵欲无度而双目失明。因此，世族子弟一与叶氏游冶，即入大染缸，万难洁身自好，家人百劝难回其心，也就"只当此儿已死"。

有道是"捧角者必兴剧"，叶氏于湘剧的发展有不可抹杀的推动之功。他斥巨资承办春台班，在剧种改造上狠下了一番真功夫，使原本卑猥的湘剧变得雅俗共赏。看戏捧角，原是近代有钱有名文人的日常功课，近代诗人易哭庵和樊樊山在北京十有五、六的诗词都是写给鲜灵芝、刘喜奎、金玉兰、刘菊仙等昆剧旦角的，彼辈打情骂俏，吃醋争风，无所不为，名士原可如此鸣世，纵然获讥亦无妨。叶德辉好男色，好的多半是戏班中的俊俏小生，他若看上谁，那人十有八九难逃被玩弄的命运。当时春台班中有位俊小生言道南，戏唱得好，为人也很自重，叶氏百计用尽而难以得手，决定霸王硬开弓。言道南不肯受辱于叶氏，竟喝下镪水自杀了。这一轰动性的丑闻立刻在省城传得沸沸扬扬，有人填了首《竹枝词》，直唱得满城风雨：

> 春台班主太狰狞，狎昵群优亦自轻。
> 可叹道南言氏子，一杯镪水了残生。

曾国藩的孙子曾广钧（前清翰林）在省城势力很大，也是有名有数的渔色之徒，叶氏这下可就遇着强劲的对头了。诚所谓"两强相遇勇者胜"，看戏时，两厢兴起口角之争，总难免大打出手，结果台下的戏比台上的戏更精彩热闹得多，更能引起观众十足的兴趣。地方政府也拿他们这种邪僻的行径无可奈何，哪尊神都开罪不起，干脆睁一只眼闭一只眼，由他们去瞎胡闹，只要不出人命，就万事大吉。

有精湛学问的人很难修成叶氏那般深厚的痞功，有深厚痞功的人更难具备叶氏那样精湛的学问，叶德辉无疑是天才中的天才，是怪胎中的怪胎，是异数中的异数，唯有封建乱世才会诞育出这种穷极变怪的畸形儿。叶德辉是大顽主，对"黑厚学"的领悟力几乎无人能出其右，他生长于富贾之家，广有财赀（zī，资本），暴得功名，凡事为所欲为，岂在话下？他心底雪样分明，儒家圣贤的那一套一半是用来装饰门面的，另一半是用来提供兵器的。因此，他满嘴仁义道德，专门用来对付敌人；一肚子男盗女娼，则专门用来滋润自己。

晚清以降，流氓文化将正统的儒学和道学踹下首席宝座，悍然取而代之，道德沦丧至于不可收拾。迄于民国初年，川中奇才李宗吾的《厚黑学》终于浮出海面，他不仅独具火眼金睛，而且持论滴水不漏，将中国两千多年以儒家和道家为纲的传统文化一扫帚全扫入《厚黑学》的垃圾箱中，儒家的仁近于厚，义近于黑，而"老子之学最忍"（朱熹语）。这真是一个绝妙的讽刺。假若起孔子于九泉，他一定会吹胡子瞪眼睛；假若起孟子于九原，他也会撇下斯文，破口大骂。

清末民初，各色各样的流氓疯狂造势和造市，尤以政治流氓多如过河之鲫，致使价值标准混乱，人心因此生疽（jū，毒疮）。在高级流氓中，叶氏是一条锯齿惊魂的"癞鳄"，但还算不上壑口吞舟的"巨鲸"，真正堪称"巨鲸"的乃是袁世凯那类世代不乏其人的超级政治流氓。为权位所限，叶氏顶多只够在流氓大军中充当上校级人物，但他善于自吹法螺，自戴高帽，又有学问才华，比那些"五星上将"更会逗趣，因而显得"光彩"绝伦，似乎无人能出其右。

一般大众总以为流氓完全是破坏型的，殊不知，也有叶麻子这样的流氓，于文化事业颇有建树。他做人是否失败？这要看你取怎样的角度去评定功过。他的趣味果然是低级的吗？或果然是高级的吗？也恐怕没有可靠的标准答案。读历史时能将手掌、手心、手背、手指缝都读遍的人，大抵能读明白流氓文化的消息和底蕴。无论是道家学说，还是儒家学说，或是别的什么学说，涂饰来涂饰去，一一涂出好看的面妆，其实都是以流氓文化为粉底，所以当我们谴责流氓文化时，也同时谴责了中国两千多年来主流文化的虚伪性。帝王将相多半都是道貌岸然的流氓，知识分子还能不气闷？你要么饿得瘪瘪的，要么冻得僵僵的，依然是"圣贤不死，大盗不止"。孔孟和老庄的精神都是不死的，于是乎大盗何日可止？当我们明白这些深层的道理之后，再去谴责叶德辉，就显得有点多余，而且滑稽可笑。说白了，比起那些强奸民意，涂炭生灵的政治流氓来，叶德辉那点邪僻的行径又算得了什么？在一个流氓文化风起云涌的社会里，似叶氏这样既有造诣又有建树的文化流氓，岂可少有，又岂可多得？我们看过了太多政治流氓的恶俗表演，再看文化流氓叶德辉的一生所为，竟有赏心悦目之感，这真是太奇怪了。

长沙本地人早就设计好了一个现成的公式，像敞开的口袋一样等着叶德辉往里面钻，公式是："才子+痞子＝化生子。"何为"化生子"？化生子乃是半妖半鬼的祸胎。摆明了，这公式只是庸人的思维产物，不足为据。我总认为，一个敢舒螳臂挡大车的人绝非小丑，其不折不挠的勇毅精神甚或含有可敬的成分在，至少比那些无所不在的阴虱、跳蚤、马屁精、应声虫、风向鸡和附骨之蛆，角色方面要堂正得多。他始终如一，从不反侧；他明刀明枪，不施暗箭。得胜我幸，取败我命，绝无怨尤，就算笃定要做坏蛋，也只做本色天真的坏蛋，反将那些伪君子晒成了臭烘烘的死鱼。叶氏一生多彩多姿，宛如罂粟花和蔓陀萝花，在清末民初凄凉的乱世里盛放，成为一道异样的风景。你可以不欣赏他，但不得不承认，其活法可称得上是一门行为艺术。毕竟，他的才情有令人着迷的地方。他强旺的"战斗力"也从相反的方面使维新派志士和革命党人（谭嗣同、梁启超、唐才常和黄兴等人）赢取的胜果变得弥足珍贵，倘若对手太弱，岂非胜之不武？

"世人皆曰杀，我意独怜才"，可乎？

八指头陀
以苦行和苦吟著称的高僧

苏曼殊是一位诗人,却并非高僧;八指头陀既是一位诗人,也是一位高僧,这就显得尤为可贵。

这是一片青草芊芊的山坡，蓝天白云下，呼朋引伴的鸟雀高高低低地滑翔，撒欢得失了记性，竟全然忘怀觅食的烦苦。野花香风间，蝴蝶扇动五色斑斓的翅膀自由恋爱，寻梦，寻梦，梦在花丛更深处。偌大的田原，偌大的旷野，万物欣欣向荣，汇合成一首生命的欢歌。

一位神情恬淡的少年宛如纤巧的绣花针躺在锦缎上，仰眺高天的云彩，看它们一会儿幻化为飞龙，一会儿幻化为奔马，一会儿动如脱兔，一会儿静若处子，千奇百怪，似乎有变不完的魔术。少年漆亮的眸子射出一股同龄人罕有的笃定专注之光，不恍惚，不游移，不涣散，通常是禅修多年的得道者才有这样的目光。在他身后不远处，一头水牛胃口正好，嚼食满嘴青草，另一头黄牛则闲闲地喷着响鼻，甩甩大耳朵，"哞哞"高叫几声，旷野发出回响。

少年琢磨着心事，想念母亲，想念父亲，他们都已过世，他眼中噙满晶莹剔透的泪珠，阳光则为泪珠投下虹影。他还记得,有一次,母亲笑意盈盈地说:"真是好奇怪的,生你的前一天晚上,我梦见四处开满兰花,连风都是香沁沁的咧。"那年,他才七岁,母亲就往极乐世界了。她说过,在西方乐土,一切都美好,一切都善良,人可以无病无灾,无忧无虑。对母亲的话,他坚信不疑。平日,她念诵佛经,礼拜观音,不吃荤腥,少年也学着么做,真是奇妙,内心里仿佛开满黄黄白白的兰花,一缕缕馨香经久不散。

少年没有读什么书,没爹没娘的放牛娃似乎也没必要去弄懂那些正心、诚意、格物、致知、修身、齐家、治国、平天下的大道理。但他是北宋文豪黄庭坚的裔孙,身上天然具有文学的遗传因子,他对文字,尤其是诗歌,十分着迷。有一天,少年与一群野毛头在村中避雨,听见私塾中的孩子读唐诗,读到"少孤为客早"这一句,不禁潸然泪下。塾师周云帆见状,惊讶地问道:"怎么回事呢?"他回答:"父亲过世后,我辍了学,没有书读。"周云帆动了恻隐之心,给他一个机会:"你为我洒扫庭除,我有闲暇就教你识字,你看好不好?"少年纳头便拜,立刻行了认师礼。他天分高于常儿,学业优秀,恩师开心,逢人就夸:"这孩子勤学苦读,将来必定会有成就,可惜我老了,只怕看不到那一天了。"没多久,周云帆驾鹤归西,少年只好另寻所在。他听说某大户人家要给家中子弟找个伴读，欣然前去应选，哪知主家把他当仆人使唤，不许他私底下读书。他心想，我来这儿本是为了读书，既然事与愿违，我怎能为了一日三餐听人使唤，遭人呵斥，沦为家奴！于是他拍屁股走人。

少年重获自由，高兴时，折根树枝，以地为纸，默写几句唐诗，例如李白的"花间一壶酒，独酌无相亲"，他既不会写"壶"字，又不会写"酌"字。这难不倒他，画个酒壶，画个酒杯，搁进句子，反而有一种妙不可言的趣味。多年后，他小有诗名了，还按原模原样写给（也是画给）同乡大才子杨度看，令后者击节称奇，赞赏不已。有时，他也会自然而然地想一想自己的将来，做个诗人多快活啊！但他心里明白，要写诗，先得填饱肚子才行，都说"民以食为天"，莫非肚皮才是天下第一神灵，最需要供养？猛然间，他的脑子里有了电光火石的一闪念，做和尚不就是一条明摆着的出路吗？这个念头一生出，他又立刻觉得惭愧，出家难道只图吃三餐饱饭？那时，他还不可能考虑到"救赎灵魂"这般紧要的问题。但他深信，出家当和尚与混饭吃是不该牵扯上任何暧昧关系的。

远山上有一座法华寺，他眺望过许多回了，每一次投去目光，心头就会为之一热，仿佛那里就是自己的家，母亲正在倚间（lǚ，里巷的门）而望，等着他驱犊而返，每当黄昏，她总喜欢高一声低一声地呼唤他的乳名。

十八岁，这个年龄让人猝不及防。他心中生出了异常强烈的爱，对天地万物满怀不可遏止的悲悯，哪怕是对微贱的虫蚁，对无知的草木，对罗中鸟，对网底鱼，他都会掬一把同情之泪，但他不明白这究竟是怎样的一份爱。

那场暴雨来得多么及时啊！他看到篱间的白桃花被摧残得片片零落，随沟渎里的流水各奔东西，生命原是如此脆弱，如此不堪一击，如此不明去向，母亲和父亲的生命不就是这凋落的白桃花吗？他哭了，情不自禁地哭了，那穿云裂帛的痛哭声，终于激成了深心里的波涛与感悟。

他向远山走去，向法华寺走去，拴在树上的牛儿望着他义无反顾的背影，满是疑惑不解的眼神，"哞哞哞"，叫了很久很久。

雨丝风片中，他不肯回头，不曾回头。

千疮求半偈

少年投在湘阴法华寺东林禅师座下为弟子，临到老境，东林没料想自己能收到根器如此纯正的徒儿，他很开心。但他并不自私，法华寺太小，自己的修为有限，可别耽误了这孩子的光明前途。东林决定修书一封，将他荐往南岳祝圣寺，那里的高僧大德很多，这孩子能够得到最上乘的教益。

少年遵依本师之命，去了衡山，依从贤楷律师受具足戒（佛家的入门戒律）。贤楷对他说："从此，你就不再俗姓黄，俗名读山了，你的法号是'敬安'，敬慎的敬，安详的安。你可知这两个字的深意？"

少年略略沉吟，然后轻声答道："敬我佛，安我心。"

向以严明著称的贤楷律师嘴角浮现出一丝不易察觉的笑意，连说"甚好，甚好"。那意思也就是孺子可教。

读经，是日久方知味；参禅，也是慢工出细活。敬安毕竟是青年佛子，乐于迅猛精进，不愿深埋于青灯黄卷中苦熬苦煎，他想获得更快捷的法门，及早修成正果。有一回，他听高僧讲曹溪六祖的故事，因此对南禅（以"顿悟"为正路法门）生出不可遏止的神往。六祖惠能是唐朝人，唐以后，传人寥落，南禅渐渐式微，迄至清末，白云苍狗，野狐禅（学佛而流入邪僻、未悟而妄称开悟）风行，南禅的山阴路上，更是人迹罕至。敬安打探了一阵，皇天不负诚心，他终于打探出，衡南岐山仁瑞寺的恒志和尚倡教外别传之旨，是南禅的正脉。可巧到了冬天，下了一场埋人不用锹的大雪，敬安一路跋涉，冻得手脚生疮，牙齿打架，总算站到了恒志的法座前。他心想，能饱听大师一席教言，就算冻个半死也值了。可他万万没料到，恒志冷冷地瞥了他一眼，并没有热情相待的意思，只神情淡漠地留他在庙里挂单。白米饭管吃，但米饭不可白吃，他必须晚睡早起干一份杂役，究竟要干多久？只有天晓得。

具体地说，敬安的活计除了劈柴，挑水，洒扫庭除，还得饲养几条护院守门的烈犬。这样一干就干了好几年。志公（恒志）和尚对他的表现还算满意。有几次，志公似乎要与敬安接谈了，却又欲言而止。敬安预感到，机会正在不远处等着他。一天，他喂狗时粗心大意，投食稍多，狗的胃口没那么好，积剩了一些。志公平日最看不惯弟子浪费粮食，敬安怕因此受到苛责，于是横下一条心，将残食囫囵吞下肚去，总算把"战场"打扫干净了。他正要收工回房，突然看见小狗吧嗒着舌头从茅厕里出来，样子幸福得不得了。敬安想到刚才自己所吃的狗食，里面或许杂有粪秽，顿时大感恶心，险些呕出整条肠子来。但正是这一呕，他把本心里的迷惑也连带呕了个精光，因而恍然大悟：世间万物，原本无所谓污垢，无所谓干净，众生偶合而成的肉体，落在滚滚红尘中，也本无所谓好恶取舍，只因渐久形成的知识处处武断，才妄生若干差别,这无疑是修道者必须荡除的心魔。

释迦牟尼佛有"千疮求半偈(jì,梵语中的颂,佛经唱词)"的说法,具体的苦修则要燃顶灼臂,弄出许多疮疤来,才能算数。敬安本性最能耐苦,燃顶(以香火烧灼头顶,表示虔诚)时,头上共灼出四十八个香疤,从脖子到腹部还灼出了一百零八个香疤,两臂更是体无完肤。稍后,他告别志公,前往宁波阿育王寺,这回,他发愿更大,竟忍痛割下手臂上的肌肉,铜钱大小,共割了四、五枚,置于佛前长明灯的灯油中;意犹未尽,他又毅然将左手的两根手指在长明灯上烧断,从此自号为"八指头陀"。

以自残的方式礼佛,不仅与儒家鼻祖孔子所主张的"身体发肤受之父母,不可损伤,孝之始也"大相背离,空门中的苦修门类虽繁,花样虽多,也很少有人像他这样割肉断指,以一时惨痛表白一世虔诚。这种手法太酷,太刚,太烈,太决绝,芸芸众生只要想一想,就会心折骨惊,浑身直冒冷汗。

此后,法号"敬安"渐渐从人们口头上消失无踪,剩下"八指头陀"这个怪异的称呼,背地里,众人叫得顺溜爽脆,一半是出于难以言喻的惊奇,另一半则出于莫名其妙的敬意。

"白梅和尚"

前面已说过,八指头陀还是放牛娃时,就喜欢诗歌,这种爱好与日俱增,并没有一朝放弃。他在岐山仁瑞寺学习禅修,功课之余,常见精一禅师做诗自炫。八指头陀对诗歌的章法一知半解,因此还不清楚心中老有平平仄仄的妙语如同小鹿儿撞来撞去,究竟是何滋味。一次,他以微讽的语气对精一禅师说:"出家人须专心研究正宗佛学,哪有闲工夫迷恋这等世俗文字?"意思再明白不过了,于僧人而言,做诗是舍本逐末,自残慧根。精一微微一笑,反唇相讥:"你看你,灰头土面,只适合参枯木禅。小小年纪,精进如此之猛,他日成佛,大有可能。不过说到文学中的三昧,今生今世,只怕你没办法证得其妙谛了。你以为文人的慧业是那么容易成就的?他们别有怀抱,颠倒于情河欲海之中。我们出家人,置身其间而要无玷无染,实属难事。你别瞧不起世俗文字,它可不好摆弄啊!"八指头陀听了这话,心想:我本来也是爱诗的,只不过怕它影响禅修,听精一的说法,只要定力强,倒是没有什么妨碍,何妨一试呢?再说吧,浪费灵感同样是暴殄天物,硬把自己憋成闷头僧,毫无生趣可言。

写诗？还是不写诗？这样的问题已不再像藤蔓纠缠八指头陀。没多久，他去巴陵访亲舅，与诸公同游岳阳楼，别人分韵赋诗去了，他澄神趺（fū）坐（盘腿端坐），下视湖光，一碧万顷。逢此美景当前，岂无佳句写照？他不费思索，如有神助，竟从涛头浪际看到雪样分明的一句诗："洞庭波送一僧来。"那"一僧"是自己，又不是自己，是天地间一位大慈大悲大彻大悟的高僧，则无疑义。就在那一刻，他喉咙眼里差点迸出石破天惊的壮语："我是诗僧，我是诗神！"

八指头陀回到湘潭，拜访名士郭菊荪。后者是"中兴名臣"郭嵩焘的侄子，饱读诗书，颇有识人的慧眼。八指头陀牧笛横吹时，郭菊荪就曾预言，此儿宿根非凡，将来的慧业不可限量。如今，相貌堂堂的八指头陀托钵还乡，谈及诗歌，竟能发古人所未发，丰沛的灵思大有铁闸挡不住的势头。最好玩的是，许多妙语从他结结巴巴的嘴里讲出来，老是慢上半拍，叫人为他着急。三国时期，魏国大将邓艾打起仗来如同黑龙出潭，猛虎下山，他荡平蜀汉，立下头功，早已被历史清清楚楚地登录在账。可是邓艾平日沉默寡言，只因嘴头不够利落。《世说新语·言语》篇中记载了一条趣闻：邓艾口吃，常自称"艾艾"。司马懿有意拿他寻开心，问道："你老是自称艾艾,到底是几艾？"邓艾虽是个结巴子,脑袋瓜却很灵光,他应声回答："凤兮凤兮，当然只是一凤。"此言一出，他丝毫不落下风，猛可间还抬高了自己的身价。要说什么是机智，这就是机智。口吃的人通常很聪明，八指头陀也不例外。他把诗句"洞庭波送一僧来"念给郭菊荪听，后者大为激赏："你有这样的夙慧，若能明格律，识章法，还愁好诗不来投缘？"郭菊荪是性情中人，他不在乎沾上好为人师之嫌，将蘅塘退士编纂的《唐诗三百首》传授给八指头陀。后者是何等悟性？过目成诵，半点不夸张，其精进之快，常人策马飞舟也赶不上。

李白"一生好入名山游"，正是山川的灵秀所钟，日月的精华所毓（yù，育），造就他为万古"诗仙"。八指头陀同样热爱大自然，行迹飘然不驻，遍访云山烟水，所以他的诗跌宕有奇气。三十岁后，其诗名卓然而立，天下士林不复以寻常僧人视之，而以大师称之。

有人说，八指头陀的诗，带云霞色，无烟火气，尘外之味多，人间之情少。这并非确论。诚然，他有"三影和尚"的雅号，写过"夕阳在寒山，马蹄踏人影""寒江水不流，鱼嚼梅花影"，"林声阒（qù，寂静）无人，清溪鉴孤影"这样不落尘抱的诗句，但他也写过不少悲天悯世，关怀民瘼国艰的诗篇。《赠宗湘文太守》一诗中有"秋风不动鲈鱼兴，只有忧民一点心"的真诚表白；《感事二十一截句附题冷香塔》

中则有"谁谓孤云意无着,国仇未报老僧羞"的深沉感喟。他不仅借诗抒臆,还动了拳头,你可以想象吗?那是甲申年(1884)间,法军侵犯台湾,中国守军屡次被法军的开花炮弹所挫败,电报传到宁波,八指头陀正卧病延庆寺,不禁五内俱焚,以至于唇焦舌烂,三天三夜没合眼,他不停地琢磨如何破解敌军的炮法,却苦无长计。出了门,正巧一位法国传教士迎面而来,他怒不可遏,竟将那位撞了煞星的高鼻梁、蓝眼睛的倒霉蛋揍个半死,总算出了胸头一腔恶气。八指头陀致书李梅痴:"盖贫僧虽学佛者,然实伤心人也。"他为什么伤心?为的是国运不昌,民气不振,佛法不兴。

八指头陀不仅言谈期期艾艾,不善应酬,而且书法奇拙,也就是说,他的毛笔字写得简直不成体形。他曾夜宿同乡名士杨度家,后者拿出宣纸、湖笔、徽墨、端砚,要他题诗。这可有点强人所难,赶鸭子上架,逼他示短露拙的意思了,八指头陀别的不怕,就怕这个,他推脱了好一阵也推脱不了,写就写吧。真如外间传说的那样,他笔下十字九误,这里少只"胳膊",那里少条"腿",他窘得满脸通红,杨度也自觉如此施虐,未免有点残忍,当即颁布了"特赦令",让八指头陀依循自己的意思,作一首诗充作"罚金"。清朝人特别重视书法,科举固然如此,许多时候,许多地方,也都看重这块敲门砖。有人讥笑八指头陀的书法对不起观众，差不多就是嘲笑他浪得虚名。八指头陀丝毫不恼，只心平气和地说，"字不欲工，略有写意；语不欲明，略存话意"，其中的禅机恐怕不是那些满脑子横、竖、撇、捺、点、折、勾的人所能了然于心的。不少人的字蛮好看的，实则其俗入骨；也有些人的字并不悦目，却是返璞归真。弘一法师死前，遗言"悲欣交集"，笔意略形枯瘦，丝毫不像他早年的书法那么温润秀媚，但我一眼看了，就感觉到不绝如缕的悲悯之情从中生发，袅袅然若生篆烟。"以貌取人，失之子羽"，孔子的弟子澹台灭明（字子羽）相貌生得丑陋，孔子原以为他不会有什么出息，但他心地光明，勤学好问，终成人才。这句话移用到书法上来，也是通理啊。

八指头陀与近代名流（王闿运、王先谦、陈三立、樊增祥、易顺鼎、章太炎、杨度）都有十分亲善的交往，其中与龙阳（常德）才子易哭庵（顺鼎）相交至厚。有一回，他俩同宿山寺之中，哭庵偶得妙句"山鬼听谈诗，窥窗微有影"，满意之极，八指头陀却笑道："这诗若是写鬼影，与工巧还有几丈地的距离。依我的意思，可改为'孤灯生绿影'，你看如何？"哭庵拍案叫绝，称赞道："摩诘（王维）诗中有画，寄禅（八指头陀字寄禅）则诗中有鬼。我愿意用一百两银子换你这句诗,你看如何?"易顺鼎手面宽绰,出价够高。八指头陀却不为所动,摇了摇头。他说:"文章千古事,得失寸心知。你就是再加十倍的价钱,我也不卖。"称他嗜诗如命,也不为过。

八指头陀没受过正规教育,纯粹是自学成才,其诗章法精严,所取譬喻常出人意料,且不打诳语,毫无宋人的诗禅恶趣。优秀的诗人需要好视觉、好听觉、好嗅觉、好触觉和好味觉,这"五觉",八指头陀均超人一等。他品评唐、宋两朝的诗歌,颇有见地:"唐人诗纯,宋人诗薄;唐人诗活,宋人诗滞;唐诗自然,宋诗费力;唐诗缜密,宋诗疏漏;唐诗铿锵,宋诗散漫;唐诗温润,宋诗枯燥;唐人诗如贵介公子,举止风流,宋人诗如三家村乍富人,盛服揖宾,辞容鄙俗。"这番评语比喻贴切,让人解味之余,尚能解颐。其中显然包蕴了真知灼见。

奇人而有奇行,奇人而有奇遇。八指头陀读书少,写起诗来,用力甚勤,用心甚苦,远胜于那些才思敏捷的诗人。有时,一个字安置不妥,他会焦虑到寝食皆废的地步。即使他如此用功,还是有些诗暗结珠胎数年,才得呱呱坠地。从他推敲不断的苦吟精神来看,说不定他是贾岛的后身。八指头陀遍游吴越的山山水水,亲眼看到过海市蜃楼。当时,他发明了一种前无古人后无来者的咏歌方式,将《楞严经》《圆觉经》的经文混合着《庄子》《离骚》的警句随意宣唱,许多人见他如此打通佛、道、儒诸家门径,不执一端,不守一藩,不解其味的死脑筋就难免视他为走火入魔的狂僧。

中国古代的诗僧,为世所称道的,在晋朝有法显、道林,在唐朝有寒山、拾得、皎然、齐己、贯休,在宋朝有参寥、石门。近代方外工吟咏的,苏曼殊、弘一法师和八指头陀均堪称巨擘。可惜他们生不逢辰,生在黄钟毁弃、瓦釜雷鸣的晚清,再好的诗也很难博得世人的爱重,倘若他们身处唐朝或宋代,无疑将是卓尔不凡的大方之家。

"三影和尚"之外,八指头陀还有另一个雅号,那就是"白梅和尚"。他刊行《嚼梅吟》和《白梅诗》二集,刻画梅花,原是梅妻鹤子的林(逋)处士的拿手功夫,可他一觉醒来,倘若读了八指头陀的白梅诗,也会自愧不如,甘拜下风。曾有人称白梅诗独擅千古,道是"意中微有雪,花外欲无春"为梅之神,"澹然于冷处,卓尔见高枝"为梅之骨,"偶从林际过,忽见竹边明"为梅之格,"孤烟淡将夕,微月照还明"为梅之韵,"净姿宁逊雪,冷抱尚嫌花"为梅之理,"三冬无暖气,一悟见春心"为梅之解脱,俱为识者之见,难怪八指头陀"闻言大喜"。好诗遇解人,原是很难很难的事情。

人有人的命运，诗也有诗的命运。八指头陀生前诗名已流播海内外，与其酬唱的诗人多为当时人中豪杰。版本学家叶德辉眼界极高，凡庸之辈根本莫想攀其门户，可他解囊斥资，精刻八指头陀的作品，合为五卷集，这一权威版本迅速流传开去，为眼明手快的读书人所玩味，所珍藏。从此天下识得八指头陀的人，不仅喜欢他的诗，而且也喜爱他身上自然的佛性。

八指头陀的晚年诗作有赖于杨度的保全。短命的洪宪王朝猝然垮台后，身为"帝制余孽"，杨度遭到段祺瑞临时政府的严令通缉。即使成了惊弓之鸟，不得不仓皇出逃，杨度仍然将一箧故人的手稿随身携带，稍得喘息之机，就为他编定次序，这样的挚情高谊，为人间所罕见。

革命和尚苏曼殊平生难过色界与情关，好作痛语和恨语，"还卿一钵无情泪，恨不相逢未剃时"，此等怆然情怀令人久久难忘。八指头陀终生不涉欲海，心中无艳情，笔下无绮语。应该说，苏曼殊是一位诗人，却并非高僧；八指头陀既是一位诗人，也是一位高僧，这就显得尤为可贵。

佛寿本无量，吾生讵（jù，怎）有涯？诗心一明月，
埋骨万梅花。

这是八指头陀为宁波天童山上冷香塔所写的铭识（前四句），他真可以飞身佛界，带着沉沉的诗囊，什么"文字障"，统统一笔勾销，而那些诗，正是佛心别样光芒的闪耀。除了盲者，凡是停驻在八指头陀诗前的有缘人，谁能无动于衷？

大修行者

八指头陀不止一次对人说过，他曾冒着大雪登上天台山巅顶，立于云海中，振衣长啸，惊醒了睡意蒙眬的山大王，老虎凶巴巴，咆哮跳踉，要用人肉作午餐，八指头陀是得道高僧，他不慌不恐，只用目光传出慈悲的心劲，老虎顿时收威，垂头而去。八指头陀平生好善疾恶，往往能触景生情。他渡曹娥江，谒孝女庙，竟然重重叩头，流了许多血，同行者看不过眼，责备道："你是大和尚，干吗要屈身礼拜女鬼曹娥？"八指头陀也不等伤口上撒好云南白药，就把这人的责怪轻松挡回，他说："你难道没听说过波罗提木叉孝顺父母？诸佛圣人，都是以孝为先。在我眼中，这位汉朝的孝女曹娥，完全与佛身等同。礼拜她，又有什么错？"听了大师这席话，对方打算猛轰一阵的谴责之炮顿时哑了火。

佛家了生断死，禅定乃是正业。八指头陀喜欢"参父母未生前语",即参悟往世幻相,大有不知昨昔种种,岂了今日般般的意味。一旦冥然入定,他就能做到"内忘身心,外遗世界",坐上一天,也只当是弹指一挥间,何况山水清幽,内心不难获得宁帖(安宁妥帖)。八指头陀"猝闻溪声有悟",也就在情理之中。

从三十九岁到五十一岁,十二年间,八指头陀先后出任湘中五寺(大罗汉寺、上封寺、大善寺、密印寺和上林寺)的方丈。身居乱世,为推行佛法,他呕心沥血,不遗余力,后经浙江宁波天童寺僧众盛情相邀,出任该寺住持。嗣后,他更将佛教朝积极入世的方向推动,鼓励弟子关心国难民瘼,不要只闻钟磬,不闻鼙鼓;也不要只观黄卷,不怜赤子。六十二岁那年(1912),八指头陀出面筹组中华佛教总会,当仁不让地出任首届会长,总会的本部设在上海静安寺,机关部设在北京法源寺。国体更迭之际,宗教衰绝,八指头陀见各地僧人因避祸而流徙还俗,一些中、小寺庙行将废弃,对此深以为忧。孙中山极力推行三民主义,这让八指头陀看到一线希望,他喜乐无量地说:"政教必相辅,以平等国,行平等教。我佛弘旨,最适共和。"为了取得相应的宗教权益,他特意前往南京行辕(行营),拜谒临时大总统孙中山,请求国民政府及早颁令保护佛教,得到了孙中山的首肯。然而,在动乱不靖（jìng，平安）的年代，攘夺僧产，毁坏佛像的事情尚属小事，地方政府乐得从中渔利，睁一只眼闭一只眼，根本不予查办。别处且不提，湘省一地，宝庆（邵阳）闹得最凶，僧侣们都快没有活路了，于是联名呈状给北洋政府内务部，请求中央下令制止这股侮灭佛教的歪风。然而，内务部的主管官员以鞭长莫及为由，将此状束之高阁。

末法时代，河决鱼烂，佛教注定要大大遭殃。在中国，即使天下太平，也很少有人植根坚牢的信仰，所抱持的只是利益原则，膜拜佛祖，巴结神仙，供奉基督，推崇某某主义，若不能与私己的利益挂钩，他们就会抹下脸来，给佛祖、神仙、基督厉害看看，或者公然践踏某某主义，半点不留情。远的且不说，单以近、现代而论，太平天国狂毁江南佛寺，民国大肆侵夺庙产，以及后来全面"破四旧"，哪一次不让佛教大伤元气？缺乏信仰的大众往往会鲜廉寡耻，不肯自省，不肯自俊，不肯自赎，这样的大众除了使用厚黑手段追求切身利益，对人间公义、公德和公道还能有多少关心？

八指头陀受湘中宗教界人士全权委托，决意去北京与内务部礼俗司司长杜关当面交涉。到了北京，他住在法源寺，弟子道阶是该寺的住持，当此时节，师徒相见，唯有唏嘘再三。八指头陀到内务部见到杜关，杜某的态度既强硬又恶劣，他说，僧产原本得自募化，充公完全合理。八指头陀指出，杜关口口声声讲"布施为公，募化为私"，根本就是界说不明，岂不知"在檀那（施主）为布施，在僧侣则为募化"？这是一事之两面，根本不存在任何利害冲突。杜关性情褊狭，见大师忤逆己意，驳得他无词以对，忍不住邪火攻心，诟骂之余，竟动手抽了大师一个耳光。由此可见，民国初年的政客气焰何等嚣张。八指头陀遭受这番奇辱，当晚胸膈隐隐作痛，第二天一大早就圆寂了。政客公然行凶，一代宗师愤恚（huì，恨，怒）而逝，这无疑是中华民国的耻辱一桩。似杜关那样的货色，虽百死岂能赎其罪孽，更何况他矢口抵赖动手打人一节，受庇于某高官的羽翼，毫发无损，依旧好官我自为之，好财我自发之，虔心奉佛的善良者怎能不气愤填膺。

弘一法师
悲欣交集

人生是一场为了告别的宴会，让我们把各自灵魂的出路设想得更加周全些吧。

年纪还小的时候,我天真地认为,作一首歌曲,如在云霄筑一座仙楼,永久地"住"在里面,那是最令人艳羡的幸福。

百年之后,千年之后,这首歌曲依旧在众人的口齿间传唱,那幸福自然得以加倍地抻(chēn,拉)长放大。作者是谁?唱的人知道也可,不知道也可,反正他的灵魂是活着的,活在曲调歌词之中,比天空上展翅高飞的鸟儿还要快乐,还要轻盈,还要自在。

确实有一首这样的歌曲,我听过不止一百遍,曾在风中听,月下听,花前听,雨后听,清晓听,黄昏听,无论何时都是好的。苍凉的意韵绕在梁上、枝头、云间、心中,无论何处,也都余韵悠邈,久久不绝。

　　长亭外,古道边,
　　芳草碧连天。
　　晚风拂柳笛声残,

夕阳山外山。

天之涯,地之角,
知交半零落。
一觚(gū,酒器)浊酒尽余欢,
今宵别梦寒。

我听得痴了,不止一回两回,心想,在这样的歌声中落泪又有什么奇怪?在这样的歌声中瞑目,绝不会真的死去。

我当然知道,这首歌曲的作者是弘一法师(1880—1942)。

有三位近、现代爱国诗僧,一直是我心中所钦佩、激赏和喜爱的,他们是八指头陀、弘一法师和曼殊上人。八指头陀专精于诗;曼殊上人能诗,能画,能文,能翻译;弘一法师则更为多才多艺,他除了在诗、词、文、画方面有很高的造诣,还能演剧弹琴,书法和金石也得心应手。这样的大才子总使人好一阵纳罕,他的宿慧(前世的智慧)何以得天独厚?

有人开玩笑说,弘一法师出生时,父亲六十八岁,母亲十九岁;孔子出生时,父亲七十岁,母亲十七岁;欧阳修出生时，父亲四十九岁，母亲二十岁；胡适出生时，父亲四十九岁，母亲十九岁。这就是诀窍。老夫与少妻的搭配，天高与地厚的结合，往往产得麟儿（优异的儿子），纵然不成圣人，也会成为才子。

在弘一法师身上，有许多个"想不到"，这样一位奇人和畸人（他与苏曼殊被称为"南社两畸人"），竟然会不小心投胎世间，可能连造物主也感觉意外吧。想不到，他是第一个将西洋的油画、音乐和话剧引入国内的人；想不到，他在东京的舞台上演出过《茶花女》，扮演的不是阿芒，而是头号女主角玛格丽特；想不到，他是才子，是艺术家，本该落拓不羁，却偏偏是个最严肃、最认真、最恪守信约的人；想不到，他在盛年，三十九岁，日子过得天好地好，却决意去杭州虎跑寺削发为僧……

太多的"想不到"拼贴在一起，仍旧是不完整的，是模糊的，真实的那个人，有血有肉有灵有性的弘一法师，他随时都可能穿着芒鞋从天梯上下来，让我们一睹想象中所不曾有过的另一副风采。读了他的诗词，我们笑了，他却不笑；我们忧伤了，他却不忧伤；我们等着他说话，他却悄寂无语地转过身，背影融入霞光，像槭（qì）树的尖片红叶一样在晚风中飘抖了几下，便消逝了。

弘一法师俗姓李，幼名成蹊，字叔同，祖籍浙江平湖，先世移居津门，经营盐业。其父李筱楼是同治四年（1865年）乙丑科的进士，当过吏部主事，后辞官经商，先后创办了"桐达"等几家钱铺，挣得偌大一份家业，被人称为"桐达李家"。尤其难能可贵的是，他乐善好施，设立义塾（提供免费教育），创立"备济社"，专事赈恤贫寒孤寡，施舍衣食棺木，有"李善人"之口碑。他晚年喜好内典（佛经），尤其耽爱禅悦（参禅入定的人心情愉悦自适）。很显然，他的言传身教对儿辈影响极大。童年的李叔同常见僧人到家中来诵经和忏悔，即与年纪相仿的侄儿李圣章以床罩作袈裟，扮和尚念佛玩。他儿时的教育还得益于一位姓刘的乳母，她常教他背诵《名贤集》中的格言诗，如"高头白马万两金，不是亲来强求亲。一朝马死黄金尽，亲者如同陌路人"，虽只在八九岁间，他居然能够理解荣华尽头是悲凉的意思。李叔同的悲剧感可谓与生俱来，他十二岁时，即写下了"人生犹似西山日，富贵终如瓦上霜"的诗句，其悟性已经赶上甚至超过了《红楼梦》中二十岁的贾宝玉。

李叔同五岁失怙（父亲去世），十八岁时遵奉母命与津门茶商之女俞氏结婚。百日维新时，他赞同康有为、梁启超"老大中华非变法无以图存"的主张，曾私刻一印："南海康君是吾师"。因此在当局眼中他成了不折不扣的逆党中人,被迫携眷奉母,避祸于沪上。

> 我自二十岁到二十六岁之间的五六年,是平生最幸福的时候。此后就是不断的悲哀与忧愁,直到出家。

这正是李叔同先生"二十文章惊海内"的时期。他参加城南文社的集会,与江湾蔡小香、宝山袁希濂、江阴张小楼、华亭许幻园义结金兰,号称"天涯五友",个个都是翩翩浊世佳公子,不仅才华出众,而且风流倜傥。许幻园的夫人宋贞曾作《题天涯五友图》诗五首,其中咏李叔同先生的一首尤其传神,其诗酒癫狂之态活灵活现:

> 李也文名大似斗,等身著作脍人口。
> 酒酣诗思涌如泉,直把杜陵呼小友。

他竟把杜甫呼作"小友",真是比盛唐侧帽(斜戴帽子)癫狂的"饮中八仙"还要奔放。李叔同先生风神朗朗,是俊友中的最俊者,他的才艺不仅使朋辈折服,也使北里(红灯区的代称)的名妓为之倾心,朱慧百、李苹香和谢秋云都曾以诗扇就正于他。国事日非之际，好男儿一腔热血，无处发泄，乃寄托于风情潇洒间，"走马胭脂队里"，厮磨金粉，以诗酒声色自娱,果真能"销尽填胸荡气"？"休怒骂,且游戏"，这无疑是一句泄露少年风怀的说辞。

辛丑年（1901年），李叔同二十二岁，考入上海南洋公学特班，与黄炎培、邵力子等人同学。有趣的是，这个特班中举人、秀才居多,普通资格的教师根本镇不住,结果总办（即校长）何梅笙专诚请来翰林蔡元培先生作国文教授，自然是一物降一物，名师出高徒了。

李叔同先生天性纯孝，丧母之痛乃是其人生之至痛。二十六岁那年，他成了孤儿，心中再无牵挂，遂决意告别欢场，留学东瀛。他特意赋了一阕《金缕曲——留别祖国，并呈同学诸子》，其壮志奇情半点也未消磨：

披发佯狂走。莽中原，暮鸦啼彻，几枝衰柳。破碎河山谁收拾？零落西风依旧，便惹得离人消瘦。行矣临流重太息，说相思，刻骨双红豆。愁黯黯，浓于酒。

漾情不断淞波溜。恨年来絮飘萍泊，遮难回首。二十文章惊海内，毕竟空谈何有？听匣底苍龙狂吼。长夜凄风眠不得，度群生那惜心肝剖！是祖国，忍辜负？

母亲弃世后,李叔同先生改名为李哀,自号哀公。他既哀自身孤苦,也哀四方多难。次年(1906年),他在日本感慨故国民气不振,人心已死,挥笔赋七绝以明志:

故国荒凉剧可哀,千年旧学半尘埃。
沉沉风雨鸡鸣夜,可有男儿奋袂来?

这年秋天,李叔同先生考入东京美术学校油画科,改名李岸。其留学生涯中最值得称道的举动是,他与同窗学友创立了春柳社演艺部。翌年(1907年),祖国徐、淮告灾,春柳社首演《茶花女遗事》募集赈资,日人惊为创举,赞赏不绝。我国戏剧家洪深也誉之为"中国戏剧革命先锋队"。据欧阳予倩先生回忆,李叔同先生演戏并非图个好玩,而是十分认真的,"他往往在画里找材料,很注重动作的姿势。他有好些头套和衣服,一个人在房里打扮起来照镜子,自己当模特儿供自己研究。得了结果,就根据着这结果,设法到台上去演"。他还特别喜欢扮演女角,在《茶花女遗事》中饰演茶花女,被日本戏剧界权威松居松翁赞为"优美婉丽";在《黑奴吁天录》中则饰演爱美柳夫人。从留存至今的剧照看,李叔同先生居然将自己的腰肢束成了楚宫细腰,细成一握,真是惊人。为了演剧,他很舍得花本钱,光是女式西装,他就置办了许多套,以备不时之需,他饰演《茶花女》时穿的就是一件粉红色西装。

东京美术学校学制为五年,李叔同先生毕业时已是1911年春,三十二岁。这一年,他家中遭到了两次票号倒闭的池鱼之灾,百万资产荡然无存。对此他竟能处之泰然,不以为意,倒是对于嗣后的武昌起义一战功成,大好河山得以光复,他感到异常兴奋,填词《满江红》一阕以志庆贺:

皎皎昆仑,山顶月,有人长啸。看叶底宝刀如雪,恩仇多少!双手裂开鼷鼠胆,寸金铸出民权脑。算此生,不负是男儿,头颅好。

荆轲墓,咸阳道;聂政死,尸骸暴。尽大江东去,余情还绕。魂魄化作精卫鸟,血花溅作红心草。看从今,一担好河山,英雄造。

这又是一个想不到,像他那样文质彬彬的书生,居然轻易将满腔豪情铸成伟词,再次爆了冷门。他的这首《满江红》与岳飞的那首《满江红》放在一起,同样力透纸背,义薄云天。毕竟是琴心剑胆的高才,他挥动如椽巨笔,哪怕一生只挥动这样一次，一生只铸成这样一首伟词，也足够了不起了！

素心人（没有邪欲杂念的人）夏丏尊先生对素心人李叔同先生有一个简明的评价，即"做一样，像一样"。果然全是做的吗？当然啦，行者常至，为者常成，总须用心用力去植一棵树，才可望开花结果。但我们对于自然的助力，即天才，绝对不可低估。

素心人俞平伯先生也如是说："李先生的确做一样像一样：少年时做公子，像个翩翩公子；中年时做名士，像个风流名士；做话剧，像个演员；学油画，像个美术家；学钢琴，像个音乐家；办报刊，像个编者；当教员，像个老师；做和尚，像个高僧。"又岂止"像"，活脱脱就"是"，样样都能从一个"真"（真性情、真学识、真才具）字中抽绎出人之为人的一等一的神韵，够好了。是真公子自翩翩，是真名士自风流，是真高僧自庄重。世人真不了的时候，才会去追求"像"，而在天地间，"像"字背后总不免藏着一个狐媚和猫腻的"假"字，让眼力不济的世人轻易辨别不了。

李叔同先生学成归国后，起初任教于上海城东女校，开始参与南社的各项活动，旋即出任《太平洋报画报》主编，刊发了许多令人耳目一新的作品，如苏曼殊的《断鸿零雁记》。画报停办后，他欣然接受旧友经亨颐之聘赴杭州出任浙江两级师范学校（1913年改名为省立第一师范学校）图画音乐教员，但提出了一个苛刻的条件，即必须给每位学生配备一架风琴。校长以经费拮据、市面缺货为由，想打折扣，李叔同先生则答以"你难办到，我怕遵命"，硬是逼经亨颐乖乖地就范。美学家朱光潜先生曾称赞李叔同先生"以出世的态度做人，以入世的态度做事"，真是赞得到点到位。据画家刘海粟先生回忆，李叔同先生是中国最早使用裸体模特儿进行美术教学的人，在民智未开的当年，能如此引领风气，真是不简单不容易。李叔同先生的教学方法颇为别致："弘一法师的诲人，少说话，是行不言之教。凡受过他的教诲的人，大概都可以感到。虽平时十分顽皮的一见了他老，一入了他的教室，便自然而然地会严肃恭敬起来。但他对学生并不严厉，却是非常和蔼的,这真可说是人格感化了。"（吴梦非《弘一法师和浙江教育艺术》）

李叔同先生教得用心，弟子也学得上劲，身边有丰子恺和刘质平那样的高足，还有夏丏尊先生（他为人忠厚，调皮的学生暗地里都谑称他为"夏木瓜"）那样的素心人做朋友，日子应该不会太难过。但他是一个十分认真的人，认真的人决不会让任何一个日子变得骨质疏松。姚鹓雏在《乐石社记》中对李叔同先生的评价颇为切当：

> 李子博学多艺，能诗能书，能绘事，能为魏晋六朝之文，能篆刻。顾平居接人，冲然夷然，若举所不屑。气宇简穆，稠人广众之间，若不能一言；而一室萧然，图书环列，往往沉酣咀嚼，致忘旦暮。余以是叹古之君子，擅绝学而垂来今者，其必有收视反听、凝神专精之度，所以用志不纷，而融古若冶，盖斯事大抵然也。

关于李叔同先生的认真守信，戏剧家欧阳予倩先生也回忆得水镜般清晰：

> 自从他演过《茶花女》以后，有许多人以为他是个很风流蕴藉有趣的人，谁知他的脾气，却是异常的孤僻。有一次他约我早晨八点钟去看他……他住在上野不忍池畔，相隔很远，总不免赶电车有些个耽误，及至我到了他那里，名片递进去，不多时，他开开楼窗，对我说：'我和你约的是八点钟，可是你已经过了五分钟，我现在没有工夫了，我们改天再约罢。'说完他便一点头，关起窗门进去了。我知道他的脾气，只好回头就走。(《春柳社的开场、兼论李叔同的为人》)

弘一法师谈及他在俗时的性情，曾向寂山法师坦承："……弟子在家时，实是一个书呆子，未曾用意于世故人情，故一言一动与常人大异。"他在母亲的追悼会上自弹钢琴，唱悼歌，让吊客行鞠躬礼，便曾被津门的亲友称作"李三少爷办了一件奇事"。夏丏尊先生为人敦厚，他所写的回忆文章中也颇有些令人不可思议的内容，比如这一段："他（李叔同先生）的力量全由诚敬中发出，我只好佩服他，不能学他。举一个实例来说，有一次宿舍里学生失了财物，大家猜测是某一个学生偷的，检查起来，却没有得到证据。我身为舍监，深觉惭愧苦闷，向他求教。他指示给我的方法，说也怕人，教我自杀！他说，'你肯自杀吗？你若出一张布告，说做贼者速来自首，如三日内无自首者，说明舍监诚信未孚，誓一死以殉教育，果能这样，一定可以感动人，一定会有人来自首。——这话须说得诚实，三日后如没有人自首，真非自杀不可。否则便无效力。'这话在一般人看来是过分之辞，他说来的时候，却是真心的流露；并无虚伪之意。我自惭不能照行，向他笑谢，他当然也不责备我。"（《弘一法师之出家》）

李叔同先生并非拿夏丏尊先生逗乐子，这样冷峭尖刻的幽默也不是他的长项。严肃认真到那样不要半分虚伪的地步，他又怎忍看着自己的国家沦为军阀刀下的"蛋糕"？怎能容忍政府比妓女还要鲜廉寡耻，比奸商还要缺乏信用？又怎忍看着老百姓流离失所，草间偷活？苦闷的灵魂别无出路，他唯有去寻找宗教的精神抚慰。

说起来，李叔同先生出家的远因，竟是由于夏丏尊先生的一句玩笑话。有一次，学校里请一位名人来演讲，李叔同先生与夏丏尊先生却躲到湖心亭去吃茶。夏丏尊先生说："像我们这种人出家做和尚倒是很好的！"正所谓言者无心，听者有意，李叔同先生内心顿时受到很大的触动。民国五年（1916年），李叔同先生读到日本有关断食（即辟谷）的文章，称断食为身心更新之修养方法，他认为值得一试，便在十一月间择定虎跑寺为试验地点，断食二十余日，不但毫无痛苦，而且身心反觉轻快，有飘飘欲仙之象，好似脱胎换骨过了，尤其不可思议的是，他竟因此治好了纠缠多年的神经衰弱症。这无疑使他的道心大增。李叔同先生体弱多病，自忖不能长寿，也是他决意出家，早证菩提的一个隐因。远离浊世，寻找净土，与其清高的性格也正相吻合，他在《题陈师曾画"荷花小幅"》中已透露出个中消息："一花一叶，孤芳致絜（jié，洁）。昏波不染，成就慧业。"断食期间，李叔同先生对出家人的生活非常喜欢，而且真心羡慕，对于素食也怀有好感，因此这次断食便成了他出家的近因。

真要出家，李叔同先生仍有不少牵挂和阻碍，他的发妻俞氏和两个儿子李准、李端在津门还好安排，他的日籍夫人福基则不好打发，她曾哭过，求过，或许还闹过，但李叔同先生心如磐石，志定不移。在致刘质平书中，他说：

"……不佞以世寿不永，又以无始以来，罪业之深，故不得不赶紧修行。自去腊受马一浮之熏陶，渐有所悟。世味日淡，职务多荒。近来请假，就令勉强再延时日，必外贻旷职之讥，内受疚心之苦。……"

当然，还是李叔同先生口述的《我在西湖出家的经过》说得更详尽些："及到民国六年（1917年）的下半年，我就发心吃素了。在冬天的时候，即请了许多的经，如《普贤行愿品》、《楞严经》及《大乘起信论》等很多的佛典，而于自己房里也供起佛像来。如地藏菩萨、观世音菩萨……的像，于是亦天天烧香了。到了这一年放年假的时候，我并没有回家去，而到虎跑寺里去过年。"

有这样的觉悟，有这样的愿力，李叔同先生便注定要剃度出家，皈依三宝（佛家以佛、法、僧为三宝）。佛门广大，方足以容此心，容此愿。他原本就是看重器识的，"先器识而后文艺"的话，他多次讲给弟子听，其实也是讲给自己听。"应使文艺以人传，不可人以文艺传"，这就对了。1922年春，弘一法师在给侄儿李圣章的信中已表明了自己对文艺事业尽心尽力之后的欣慰之情："任杭教职六年，兼任南京高师顾问者二年，及门数千，遍及江浙。英才蔚出，足以承绍家业者，指不胜屈。私心大慰。弘扬文艺之事，就此告一结束。"诚然，文艺毕竟只是身外的附丽之物，只是枝叶，性命才是最紧要的根本。

李叔同先生于民国七年（1918年）农历正月十五日皈依三宝，拜了悟老和尚为皈依师，法名演音，法号弘一。当年七月，他正式出家。出家前，他将油画美术书籍送给北京美术学校，将朱惠百、李苹香所赠诗画扇装成卷轴送给好友夏丏尊，将音乐书和部分书法作品送给最器重的高足刘质平，将杂书零物送给丰子恺，将印章送给西泠印社。出家之后，他自认"拙于辩才，说法之事，非其所长；行将以著述之业终其身耳"。

李叔同先生的突然出家引起外间不少猜测和评议，丰子恺在《陋巷》一文中猜测他是"嫌艺术的力道薄弱，过不来他的精神生活的瘾"，只算是挨边的话。南社诗人柳亚子对故友弘一法师的苦行精修更是从未表示过理解。他认为，一位奇芬古艳冠绝东南的风流才子什么不好干？却"无端出世复入世"，偏要"逃禅"，是不可理喻的。缺少宗教情怀的人总归这样看不明白，何况是纯粹诗人性情的柳亚子，临到晚境，处处随喜，吟咏吹牛拍马的诗词，依然相当顺手，更加自得其乐，若让早早觉悟的弘一法师看了，只会摇头，轻轻地叹一口气。南社诗人柳亚子深深惋惜这位毅然出家的大才子过早地收卷了风流倜傥的怀抱,使中国文艺蒙受了巨大的损失,殊不知,作为智者,追寻灵魂和性命的终极意义自是高于一切之上。柳亚子深染尘滓,终未参透此中的玄奥,也就不奇怪了。

出家人六根清净,诗文之余绪也是纷扰,李叔同要与红尘旧梦做一番了结,将历年所作诗词精心拣择,工整誊抄,汇编成册,锁入老旧的木柜中。此事被丰子恺侦悉,他上伏虎山拜见恩师,当面提出建议,应及早将诗词付梓印行,以慰同好。李叔同坚词谢绝。丰子恺担心恩师的心血之作久藏柜底,日久易失易毁,于是他自作主张,买通一名叫小玲的姑娘,将稿本"盗出",亲自绘制插图,以《护师录》为书名,交由商务印书馆印刷。集子出版后,丰子恺将稿费和样书寄给恩师,弘一法师对这位爱徒使用空空妙手的做法很生气,一顿责备自然是必不可免的。

李叔同先生出家后,谢绝俗缘,尤其不喜欢接近官场中人。四十六岁那年,他在温州庆福寺闭关静修,温州道尹张宗祥前来拜望。弘一法师的师傅寂山法师拿着张的名片代为求情,弘一法师垂泪道:"师父慈悲,师父慈悲,弟子出家,非谋衣食,纯为了生死大事,妻子亦均抛弃,况朋友乎?乞婉言告以抱病不见客可也。"(丁鸿图《庆福戒香记》)张宗祥自然只吃到了一顿好不扫兴的闭门羹。弘一法师五十八岁那年,居湛山寺,青岛市长沈鸿烈要宴请他,他征引北宋唯正禅师的偈句婉言谢绝:"昨日曾将今日期,出门倚仗又思唯。为僧只合居山谷,国士筵中甚不宜。"(火头僧《弘一法师在湛山》)这一回,市长的面子倒还好搁一点。

弘一法师以名士出家,钻研律部,发挥南山奥义,精博绝伦,海内宗仰。他日常以"习劳、惜福、念佛、诵经"为功课,以"正衣冠、尊瞻视、寡言辞、慎行动"为座右铭。他喜欢以上乘的书法抄写经书——他曾打算刺血写经,为印光法师所劝阻,并集《华严经》中的偈句为三百楹联,凡求书法者则书之,作为礼物,送给有缘者,使人对佛经起欢喜心,他将此视为普度众生的方便法门。弘一法师早年"以西洋画素描的手腕和眼力去临摹各体碑刻,写什么像什么。极蕴藉,毫不矜才使气,意境含在笔墨之外,所以越看越有味"(叶圣陶《弘一法师的书法》)。总的来说,弘一法师早年的字得力于张猛龙碑,高古清秀,少著人间烟火气,晚岁离尘,刊落锋颖,更显示出平淡、恬静、冲逸的韵致。用这样的书法抄写佛经,自然是绝配佳侣了。

弘一法师深恐堕入名闻利养的陷阱,他律己极严,生怕接受了许多善男信女的礼拜供养,变成个"应酬的和尚",因此每到一处,他必定先立三约:一、不为人师;二、不开欢迎会;三、不登报吹嘘。他日食一餐,过午不食。素菜之中,他不吃菜心、冬笋、香菇,理由是它们的价格比其他素菜要贵几倍。除却三衣破衲,一肩梵典外,他身无长物,一向不受人施舍,挚友和弟子供养净资,也全都用来印佛经。夏丏尊先生曾赠给他一架美国出品的铂金水晶眼镜,他也送给泉州开元寺,以拍卖所得的五百元购买斋粮。弘一法师对重病视若无事,工作如故,他曾对前往探病的广洽法师说:"你不要问我病好没有,你要问我有没有念佛。"他这样虔敬的宗教情怀岂是常人可及?

"不为自己求安乐,但愿众生得离苦。"

这是弘一法师所书的偈句,其光风霁月的怀抱历历可见。他晚岁驻锡闽南(栖止地主要是泉州,泉州相传为八仙之一的李铁拐所居之地,风俗纯古,有如世外桃源)十四年(1929—1942),弘扬律法,造就了一大批优秀的僧徒,训导他们"惜福、习劳、持戒、自尊",使东土八百年来湮没无传的南山律宗得以重新光大。同时,他也使相对闭塞的闽南人文气象蔚然一新。大师就是大师,如蕙风朗月煦日甘霖,能使天地间生机盎然。

具足大智慧大悲心的高僧虽超尘脱俗，但在乱世之中，绝不会无视生民之苦和国家之难。弘一法师早年发誓"度群生那惜心肝剖"，所作《祖国歌》情词并茂，"上下数千年，一脉延，文明莫与肩。纵横数万里，膏腴地，独享天然利。国是世界最古国，民是亚洲大国民。乌乎，大国民！乌乎，唯我大国民！幸生珍世界，琳琅十倍增声价。我将骑狮越昆仑，驾鹤飞渡太平洋。谁与我仗剑挥刀？乌乎，大国民，谁与我鼓吹庆升平"。弘一法师的爱国心老而弥坚。五十四岁时，他在闽南潘山凭吊韩偓墓，收集这位"唐末完人"和大才子的生平资料，嘱高文显作传，便是因为他钦佩韩偓虽遭遇国破家亡的惨痛，却不肯依附逆贼朱温，仍耿耿孤忠于唐室的情怀。弘一法师经常吟诵宋代名臣韩琦的两句诗，"虽惭老圃秋容淡，且看黄花晚节香"，对于保全晚节一事，他真是极为用心。1937年8月，他在青岛湛山寺作"殉教"横幅题记："曩（nǎng，以往）居南闽净峰，不避乡匪之难；今居东齐湛山，复值倭寇之警。为护佛门而舍身命，大义所在，何可辞耶？"其护佛殉教的决心跃然于字里行间。同年10月下旬，他在危城厦门致函道友李芳远："朽人已于九月二十七日归厦门。近日厦市虽风声稍紧，但朽人为护法故，不避炮弹，誓与厦市共存亡。……吾一生之中，晚节为最要，愿与仁者共勉之。"1941年，弘一法师作《念佛不忘救国·救国不忘念佛》题记，更言简意赅地阐明了自己的观点："佛者觉也。觉了真理，乃能誓舍身命。牺牲一切，勇猛精进，救护国家。是故救国必须念佛。"爱国之心不泯，护佛之志尤坚，弘一法师晚年的精神力量即凭此得以充分外现。

曾有人统计，弘一法师一生所写的格言不下千条，每一条均入情入理，洞烛幽微，极具睿识。比如说，"实处着脚，稳处下手"，"不让古人，是谓有志；不让今人，是谓无量"，"日日行，不怕千万里；常常做，不怕千万事"，"人好刚，我以柔胜之；人用术，我以诚感之"，"声名，谤之媒也；欢乐，悲之渐也"，"谦，美德也，过谦则怀诈；默，懿行也，过默则藏奸"，"谦退，第一保身法；安详，第一处事法；涵容，第一待人法；洒脱，第一养性法"，弘一法师的精彩格言太多了，简直录不胜录。还有人统计，弘一法师一生所用的名、字、号超过二百个，真可谓飘然不驻。其较为常用的名、字、号是成蹊（取"桃李不言，下自成蹊"之意）、叔同、惜霜、广平（参加乡试时即用此名）、哀（母亲去世时所取的名，足见当时心境）、岸、息霜（在东京演剧时所用的艺名）、婴（断食时所取的名，取老子"能婴儿乎"之意，后将此名赠给丰子恺作法名）、黄昏老人、李庐主人、南社旧侣、演音（出家时的法名）、弘一（法号）、大心凡夫、无著道人和二一老人。大师在俗时与出家后的名、字、号虽然繁多，要之在俗时以李叔同之姓字，出家后以弘一之法号为世所通称。差不多每一个名、字、号的来历都是一个故事，其中"二一老人"的别号来得尤其特殊些。弘一法师在《南闽十年之梦影》一文中以谦冲自责的语气说："到今年民国二十六年，我在闽南所做的事情，成功的却是很少很少，残缺破碎的居其大半。所以我常常自己反省，觉得自己的德行，实在十分欠缺！因此近来我自己起了一个名字叫'二一老人'。什么叫'二一老人'呢？这有我自己的根据。记得古人有句诗，'一事无成人渐老'。清初吴梅村（伟业）临终的绝命词（《贺新郎·病中有感》）有'一钱不值何消说'。这两句诗的开头都是'一'字，所以我用来做自己的名字，叫做'二一老人'。……这'二一老人'的名字，也可以算是我在闽南居住十年的一个最好的纪念。"弘一法师将自己一生的功名看得很轻很轻，才会有此一说。如果像他那样成就了慧业的大智者都要归入"二一老人"之列，世间又有几人能侥幸不归入"二一老人"之列呢？

五十六岁时，弘一法师即对自己的后事作了明确的安排，其弟子传贯在《随侍音公日记》中有绘貌传神的描述："师当大病中，曾付遗嘱一纸予贯云：'命终前请在布帐外助念佛号，但亦不必常常念。命终后勿动身体,锁门历八小时。八小时后,万不可擦体洗面。即以随身所著之衣,外裹破夹被,卷好送往楼后之山坳中。历三日有虎食则善,否则三日后即就地焚化。焚化后再通知他位,万不可早通知。余之命终前后,诸事极为简单,必须依行,否则是逆子也。"及至1942年10月10日(旧历壬午年九月初一),西逝前三天,弘一法师手书"悲欣交集"四字赠送给侍者妙莲,是为绝笔。这四个字完整地表达了他告别人世前的心境,悲的是世间苦人多,仍未脱七情六欲的红火坑,欣的是自己的灵魂如蜕,即将告别大千世界,远赴西方净土。他在致夏丏尊、刘质平和性愿法师的遗书中都附录了两首偈(jì)句(佛家唱词):

君子之交,其淡如水。
执象而求,咫尺千里。

问余何适,廓尔忘言。
华枝春满,天心月圆。

第一首偈句是警劝他们:执著于外缘,执迷于表象,最是妨碍获取正觉正悟;第二首偈句是对自己的灵魂归境美好颇感欣慰。大智者的告别仪式的确有些不同，弘一法师大慈大悲的临终关怀（死者关怀生者）给人留下了至为深切的感动。

在纷争不息的乱世，在名缰利锁的红尘，弘一法师堪称为佛门龙象，他究竟开解了多少欲海中迷溺的心灵？这个基数应该是不小的。他涅槃了，灵魂却将久久盘旋于大地之上，迟迟不肯飞向天国，他依然满怀着悲悯，俯瞰这不完美的人世，为苦苦挣扎在红火坑中的众生默默祈福。

听，那缥缈的歌声又从远处传来，唯剩苍凉别梦，酒杯已空，余欢将尽，还残留下多少回忆的温馨？该上路的终归要上路，该告别的终归要告别。人生是一段不长不短的夜行，唯独智慧才是我们手中的明灯，"一灯能除千年暗，一智慧能灭万年愚"，所以要学佛，"佛"的原意是"圆满的觉悟"；所以要修般若波罗密，"般若波罗密"的原意是"抵达彼岸的智慧"。极少数人修持了慧业，经历这段夜行之后，就能抵达光明的净土，弘一法师无疑是这极少数成就者中的一个。

  长亭外，古道边，
  芳草碧连天。
  晚风拂柳笛声残，

夕阳山外山。

天之涯，地之角，
知交半零落。
一瓠浊酒尽余欢，
今宵别梦寒。

人生也是一场为了告别的宴会，让我们别把欲望满满的肉身看得太重，别把此时此际的享乐看得太重，且为各自灵魂的出路设想得更周全些吧。

曼殊上人

"兵火头陀"风流情圣

他命定是诗杰,是情圣,是丹青妙手,是革命和尚,却又是断肠客,伤心人,薄命者。

一袭袈裟，一串念珠，一双芒鞋，一只盂钵，一身瘦骨，一怀愁绪。飘飘何所似？天地一沙鸥。他踟蹰于19世纪末的血雨暗夜，徘徊于20世纪初的腥风长街。他命定是弱者中的强者，却又是强者中的弱者；他命定是诗杰，是情圣，是丹青妙手，是革命和尚，却又是断肠客，伤心人，薄命者。参禅则意犹未定，避世则情犹未绝。他萍踪浪迹，四海为家，如此悲苦交煎之心，如此蒲柳弱质之体，却偏要向天涯更远处漂泊，漂泊……

数十年风雨后，我们邂逅于西湖边，孤山下，他依然清瘦若雏菊，忧郁似丁香。未及叩问，未及攀谈，闪霎间，他便如一叶薄薄的剪影随风飘逝了，只闻见茫茫白水上传来琅琅诗声——

    契阔生死君莫问，行云流水一孤僧。
    无端狂笑无端哭，纵有欢肠已似冰。

这回，他真的走了，毅然决然地走了。这位天下第一痴子果真能赤条条来去无牵挂？果真能抛闪得下三寸灵台上那个如血奔心的"情"字？

要了解苏曼殊（1884—1918）烟花般灿烂而又短暂的一生，则无论如何也绕不开他的身世谜团——那不愿示人的难言之隐，一个至死也未能解开的心结。

苏曼殊的父亲苏杰生原籍广东香山县沥溪乡苏家巷，青年时期赴日本淘金，三十九岁时在横滨英商万隆茶行任买办，他还在国内捐得官职，算得上左右逢源。据冯自由的《革命逸史·苏曼殊之真面目》所记，苏杰生的妻子黄氏滞留在国内，他耐不住寂寞，便也像别人那样"包日本婆"，与日本女子亚仙同居，生下苏曼殊。当年，这种华父日母的混血儿被旅日华侨称为"相子"。

坊间多种《苏曼殊传记》均误信柳亚子的杜撰为实，称苏杰生在横滨纳河合仙为妾，并勾引她的胞妹、时年十九岁的河合若，苏曼殊便是这场不伦之情珠胎暗结的产物，河合若将私生子留给姐姐抚养，然后半羞愧半欣喜地嫁给了一位仍在服役的海军军官。其实，这种类似于艳情小说情节的东西并不靠谱。苏曼殊小时候名叫子谷，绝对没有小宗之助的日本乳名。其脉管里流淌的一半是大汉民族的精，一半是大和民族的血;一半是咸腥,一半是苦涩;一半是无语话凄凉,一半是有心伤离别;在苏曼殊心目中,东瀛与赤县,都是故国,又都是他乡。这倒是千真万确的。

四岁时,苏曼殊的绘画天才即已早露,"伏地绘狮子频伸状,栩栩欲活"。就在那年,一位过路的相士偶然见到双眸朗若流星的曼殊,忍不住驻足感叹道:"是儿高抗,当逃禅,否则,非寿征也。"天机乍泄,当时却无人会意。

苏杰生喜欢这个宿慧天成的儿子,乐得由他来延续苏家的香火,光耀苏家的门楣。六岁时,苏曼殊随嫡母黄氏漂洋过海,回到广东香山沥溪老家,入读乡塾,他那病病歪歪的身子骨多少有些招架不住。何况身世成谜,平日里他受到族中子弟的奚落和排斥,似乎连阿猫阿狗都有资格瞧不起他。曼殊天性敏感,内心的悲愤无处诉说,其痛苦可想而知。曼殊九岁时,母亲亚仙与父亲苏杰生关系破裂,他在家族中的地位更是坠落谷底。十二岁那年,他大病一场,竟然被当家的大陈氏弃置于又脏又破的柴房,饱尝饥渴之苦,险些一命呜呼。

十五岁时,苏曼殊就读于横滨华侨创办的大同学校,冯自由与他同学,说他"性质鲁钝,文理欠通,绝未显其头角"。两年后,苏曼殊入读东京早稻田大学高等预科,此时他就有了轻度精神疾患的表现。某日夜里，他突然一丝不挂闯入刘师培、何震的卧室，手指洋油灯大骂，令刘师培夫妇莫名其妙。不知何故，苏曼殊的生活来源突然枯竭，仅由林姓表兄每月资助十元。他极为勤俭，住的是最便宜的房子，吃的是最差劲的伙食，为节省火油费而夜不燃灯。数月后，苏曼殊申请公费留学，转入振武学校，学习初级的陆军科目。

1904年1月初，苏曼殊向冯自由求得一封介绍信，到香港去见陈少白，下榻于中国日报社。闲来无事，苏曼殊突发奇想，若能刺杀康有为，则可为天下除害。为何他要铲除那位保皇党领袖？起因是康氏吞没华侨捐款，致使唐才常领导的庚子年（1900年）武汉自立军起义因经费支绌，枪弹匮乏，被迫延期，谋泄而败，二十余位志士身首异处。苏曼殊挺身冒险，完全是激于义愤，可是康有为防范甚严，他根本无从下手。这时，苏杰生听说儿子归国，便寻到香港，要苏曼殊回香山老家完婚，苏曼殊避而不见，玩了一回人间蒸发，无人知其去向。

离港后，苏曼殊前往广东番禺县雷峰寺（一说为海云寺）削发为僧，具足三坛大戒，皈依了主张"我心即佛"的曹洞宗。然而他不堪修行之苦，窃取已故师兄博经的度牒（僧人的身份证明和户口），重返香港。

1904年春，苏曼殊以玄奘、法显为榜样，万里投荒，去泰国曼谷朝圣，在玉佛寺拜乔悉摩长老为师研习梵文，为期不久，却大有收益。他还独身前往锡兰（斯里兰卡）菩提寺驻锡（僧人出行，以锡杖自随，故称僧人住止为驻锡），开筵讲经，颇受欢迎。初夏时，他途经越南回国，以当地烙疤的方式再度受戒。

1907年秋，苏曼殊原打算与章太炎结伴西游，赴印度朝圣，深造佛学，终因川资短缺而未果。

苏曼殊在其笔记小说《岭海幽光录》中表彰明清换代之际抗节不挠、视死如归的义僧祖心，曾借题发挥："嗟夫！圣人不作，大道失而求诸禅；忠臣孝子无多，大义失而求诸僧；春秋已亡，褒贬失而求诸诗。以禅为道，道之不幸也；以僧为忠臣孝子，士大夫之不幸也；以诗为春秋，史之不幸也……"他在致刘三的信中有这样的句子："浊世狙狓，非速引去，有呕血死耳。"苏曼殊为何要出家？这些话可以作为一部分注脚。

然而三师七证又如何？燃顶烙疤又怎样？苏曼殊终究做不到禅家强调的"不沾，不着，不滞，不昏，不染"，做不到四大（地、水、火、风）皆空，五蕴（色、受、想、行、识）非有，六根（眼、耳、鼻、舌、身、意）清净，他做不到。他的悲剧人生既由身世促成,由社会造成,也由性格铸成。他任性,偏执,脆弱,悲观,恃才傲物,愤世嫉俗,落拓不羁,因此之故,虽誉满国中,遍交当时名士,却依然认定自己是孤独的漂泊者,伶俜一人面对洪荒样的世界,他满怀惊恐,无所适从。他与异域诗魔拜伦有着许多惊人的相似之处,首先,两人均有容易伤及自尊的缺陷,拜伦跛足,而曼殊是私生子;其次,两人均具有自由不羁的叛逆精神,永不餍足的激情,沦肌浃髓的厌世感,且与旧道德格格不入;其三,两人均是多年漂泊异域,同样深爱着异邦的美女(拜伦爱雅典女郎,曼殊爱日本的百助枫子),同样具有唐璜好色如狂的毛病,同样是用艺术创造力平衡内心的风暴。但他们又有不同的特点,拜伦敢于释放内心的魔鬼,并有勇气与之周旋,他的浪漫是从肉欲到精神的双重浪漫,比唐璜更荒唐,曼殊则一心想与魔鬼媾和,在肉欲方面顶多打一打擦边球,这种七折八扣的东方式浪漫(谓之意淫更恰当)显然带有自惩和自虐的倾向。他在女友雪鸿所赠的《拜伦遗集》扉页上题写过这样一首诗:

秋风海上已黄昏,独向遗篇吊拜伦。
词客飘零君与我,可能异域为招魂。

曼殊视拜伦为异代异国的知己,他们同样热爱自由,追求浪漫,崇尚革命,也同样英年早逝,一个三十五岁,一个三十六岁。

苏曼殊的朋友圈子很大,多数是后来震荡了历史风云的人物:黄兴、宋教仁、章太炎、陶成章、邹容、陈天华、廖仲恺、何香凝、陈独秀、冯自由、章士钊、刘季平(即刘三)、何梅士、赵声、于右任、柳亚子,陈去病等。

章太炎有一句名言:"革命是补泻兼备的良药。"在乱世中,这副药能使各色人等为了不同的目的聚合在一起。1902年,苏曼殊加入陈独秀领导的"以民族主义为宗旨,以破坏主义为目的"的"青年会"。1903年春,由横滨侨商保送,苏曼殊从早稻田大学高等预科转学至成城军校,为了革命的需要,他学习陆军,与蔡锷为先后校友。

生逢艰难时世,苏曼殊不想自求多福。在成城军校,他天天舞刀弄枪,胡服骑射,适逢东北受强虏践踏,遂毅然加入抗俄义勇队,立誓要血战沙场,马革裹尸还。然而志士归国失路,勇士报效无门。满清专制王朝太黑暗,太腐朽了,天柱将倾,四维欲绝,犹自酣沉于梦寐。苏曼殊热血未冷,他在孙中山与黄兴的麾下以笔为旗,以笔为枪,向黑暗势力发起强有力的挑战,恨不得一脚踹翻清王朝,一拳打倒袁世凯。他修持的是大乘佛谛,以天下为怀,以苍生为念,以救国为职志,万死不顾一身,因此他成为闻名遐迩的"革命和尚"和"兵火头陀"。苏曼殊视躯壳为蔑有(乌有),极富牺牲精神,见义即赴,无算计,无保留,难怪孙中山赞他"率真"。

蹈海鲁连不帝秦,茫茫烟水著浮身。
国民悲愤英雄泪,洒上鲛绡赠故人。

海天龙战血玄黄,披发长歌览大荒。
易水萧萧人去也,一天明月白如霜。

两首七绝何其豪迈,何其壮烈,哪有一丝一毫枯涩沉闷的僧侣气息?

这是一个正确的选择,曼殊手无缚鸡之力,上马杀敌不行,下马草檄(xí,声讨之文)则是顶尖高手,他要反清,唯有挥动手中的诗笔、文笔、画笔和译笔。起初,苏曼殊为陈独秀的《国民日日报》撰稿,将雨果的《悲惨世界》译为《惨社会》,奇就奇在他不愿受原著束缚,从第七回的后半回到十三回的前半回,他索性另起炉灶,自己塑造了一个革命侠士明男德,大骂皇帝是"独夫民贼","孔学是狗屁不如的奴隶教训",公然蔑视"上帝"、"神佛"、"道德"、"礼义"、"天地"、"圣人"。主张无政府主义,土地、财产归穷苦的民众享有,他对极力倡导无政府主义的美国女杰郭耳缦尤为推崇,特别翻译了她的传记。苏曼殊的笔锋无比锐利,而且饱含激情,因此颇具感染力和批判力。且看他的杂文《呜呼广东人》的开篇:"吾悲来而血满襟,吾几握管而不能下矣!吾闻之:外国人与外省人说,中国不亡则已,一亡必亡于广东人手。"这是何等斩截痛快的笔墨。当年,广东人向英国人摇尾乞怜,给维多利亚纪念碑捐款颇为踊跃,对国内灾变却无动于衷,"便如秦人视越人的肥瘠",苏曼殊深恶痛绝的便是这种奴性。曼殊除了凭仗译笔和文笔激浊扬清,还凭仗画笔除残去秽,他在《民报》副刊"天讨"的美术版上发表了《猎狐图》《扑满图》、《太平天国翼王夜啸图》等画作,无不喻意深刻,仿佛一支支响箭,径直射向昏庸无道的满清专制王朝的脑门和胸膛,可谓箭箭中的,无一虚发。

然而就是这样一位"革命和尚",由于交友不慎,险些被不明真相的革命党人当作内奸铲除了。1909年夏,苏曼殊与好友刘三避暑于杭州白云庵禅院,意外收到一封匿名的恐吓信。大意是,革命党人早就看出苏曼殊形迹可疑,与叛徒刘师培、何震夫妇(他们是为两江总督端方搜集革命党人情报的密探）瓜葛甚密，警告他若再敢与刘、何二人沆瀣一气，不加收敛，阎王殿上就会立刻多一个新鬼。

此事惊动了章太炎的大驾，他赶紧出面为苏曼殊辩诬，其词为："香山苏元瑛子谷（苏曼殊在俗时又名元瑛，字子谷），独行之士，从不流俗……凡委琐功利之事，视之蔑如也。广东之士，儒有简朝亮，佛有苏元瑛，可谓厉高节，抗浮云者矣。……元瑛可诬，乾坤或几乎息矣。"后来大家才知道，这封令人屏息的恐吓信出自南社成员雷昭性之手，他怀疑曼殊与刘师培夫妇同流合污，一鼻孔出气。

1913年7月21日，苏曼殊以个人名义在《民立报》上发表了词锋凌厉的《释曼殊代十方法侣宣言》，完全撕下嗜血恶魔袁世凯的画皮，其词为："……自民国创造，独夫袁氏作孽作恶，迄今一年。擅操屠刀，杀人如草；幽蓟（jì，北京西南）冤鬼，无帝可诉。诸生平等，杀人者抵；人伐未申，天殛（jí，杀死）不逭（huàn，逃避）。况辱国失地，蒙边夷亡；四维不张，奸回充斥。上穷碧落，下极黄泉，新造共和，固不知今真安在耶？独夫祸心愈固，天道益晦；雷霆之威，震震斯发。普国以内，同起伐罪之师。衲等虽托身世外，然宗国兴亡，岂无责耶？今直告尔：甘为元凶，不恤兵连祸极，涂炭生灵；即衲等虽以言善习静为怀，亦将起而褫（chǐ，剥夺）

尔之魂！尔谛听之！"这篇宣言更像是檄文，正是它为苏曼殊赢得了"革命和尚"的美誉。

然而，苏曼殊期望革命早日成功，心情过于迫切，眼看一次又一次武装起义连连喋血，一批又一批革命志士滔滔不归，他开始消沉，痛苦，绝望，他的性格太脆弱了，承受不住接踵而至的打击。朋辈凋零（邹容病逝于上海西狱、陈天华自沉于东京大森湾），同志反目（章太炎与孙中山失和），友人变节（刘师培夫妇投逆），有见于此，他心下倍感惨然，愀（qiǎo，悲伤）然，且怃（wǔ，惆怅）然。至情至性的曼殊不能理解这个世界的残酷与阴暗，他再也看不下去了，惨淡的人生和淋漓的鲜血，这一切过于沉重。他要逃，要逃得远远的，逃向深山更深处，逃进寂寂空门。然而，国难方殷之际，何处又能找到可靠的心灵庇护所？更何况他是清廷通缉的要犯，满街鹰犬，防不胜防。他天性喜欢信马由缰，独往独来，又如何受得了繁苛戒律的约束？清苦之至的修行生活，令他既生畏，又生厌。于是他只好一而再，再而三地从红尘逃向庙宇，又从庙宇逃向红尘，他始终在逃避，却无逃于天地之间。依违于僧俗的生活，情与欲的反向拉拽，适足以令他陷入更深的矛盾和苦闷。天生的多情种子，天生的风流才子，别有伤心之处。"天生成佛我何能？幽梦无凭恨不胜。多谢刘三问消息,尚留微命作诗僧。"他毕竟不是百分之百的革命家,在铁血交飞的年代,他身上多有职业革命家所少有的脆弱性和哀悯之情,他不喜欢流血,无论哪种形式的流血他都不喜欢。在尘世与庙宇之间,是否另有一片乐土呢?曼殊一直在找,仿佛就在朦胧的远方。最终,他犹如少不更事的孩子,天真地认为,温柔乡即是最快乐的栖息地,情禅便是最美好的宗教。

"多情却似总无情,唯觉樽前笑不成。"苏曼殊怀揣佛门的度牒,但他算不得究竟意义上的僧徒,纵然倾尽寒山冰雪,也难消他火热的儿女情肠。他对于"佛"自有与众不同的理解:多情即佛心。佛为何能看到众生万般皆苦?便因为佛陀也未免多情。在曼殊的心目中,诸佛固然可敬,但他最愿礼拜的却是被印度人称为"情爱尊天"的伽摩佛。然而,佛家的戒、定、慧与俗世的情、爱、欲形同冰炭,在其内心日夜不停地交锋,进则为欢场,退则为道场,孰是孰非?孰优孰劣?他进退两难,无法决断。

情爱,是曼殊一生中最好的风景,也是他一生中最大的隐痛。与他走得最近的女友和"情人"有雪鸿、静子、佩珊、金凤、百助枫子、张娟娟、花雪南等数人。于"情爱"二字,他比起俗世的常人来,一直都是太不完全,太不彻底。他渴望真爱，却又逃避激情，他割断了灵与肉之间最热切的呼应，使之各为其主，终于导致二者反戈相击。他裸身闯进女弟子何震的房间，指着洋油灯大骂，那只是无邪，只是轻度的迷狂；他出入青楼，拥校书（旧时对妓女的谑称），喝花酒，竟能全身而赴，全身而返。同为天涯沦落人，曼殊对众校书从无亵玩之意，他为她们赋诗，为她们作画，为她们排遣身世沉沦的伤感。

苏曼殊的初恋对象是一位不知名的日本姑娘，很快便无疾而终。其后，他的西班牙籍英文教师庄湘愿将爱女雪鸿许配给他，尚须等到他们成年。再后来，亚仙极力撮合曼殊与表姐静子成婚，曼殊此时已遁入空门，沙弥十戒中有一条是"不娶不淫"，他作茧自缚，唯有慧剑斩情丝。他留给静子的诀别信得一读：

静姊妆次：

呜呼，吾与吾姊终古永诀矣！余实三戒俱足之僧，永不容与女子共住者也。吾姊盛情殷渥，高义干云，吾非木石，云胡不感？然余固是水曜（yào，日光）离胎，遭世有难言之恫，又胡忍以飘摇危苦之躯，扰吾姊此生哀乐耶？今兹手持寒锡，作远头陀矣。尘尘刹刹，会面无因；伏维吾姊，贷我残生，夫复何云。倏忽离家，未克另禀阿姨、阿母，幸吾姊慈悲哀愍（mǐn，同"悯"），代白此心；并婉劝二老切勿悲念顽儿身世，以时强饭加衣，即所以怜儿也。

幼弟三郎含泪顶礼

曼殊走了，做了情场的逃兵，他只能反复再三地扮演这样一个既可恨又可悲的角色。不久，痴情的静子便抑郁致疾，芳魂缥缈。深深的负罪感，无法排遣的忧伤，一齐重重地压在苏曼殊的心上，他恨世道太险，嫌空门太闷，竟一头扎入秦楼楚馆，流连忘返。他要寻一处温柔之乡，管它是梦幻还是泡影，更不管别人骂他欺佛犯戒，伤风败俗。

一般人不能理解苏曼殊的是：他若想还俗，谁也不会阻拦他，爱情既可圆满，婚姻也得成全，却为何偏要自己跟自己闹别扭呢？殊不知，自古多情者皆为多情所累，得其一，则不能得其二；得其二，则不能得其全。曼殊的人生绝非一场恋爱、一局婚姻即可包圆，于他而言，情爱永远都不是目的，而只是贯穿于生命过程中的美好体验。他逃来逃去，躲来躲去，每次逃躲的只不过是爱与被爱的对象，并非情爱本身。还是挚友刘三最知曼殊心肺，"只是有情抛不了，袈裟赢得泪痕粗",可谓一语道破底细。

更令人奇怪不解的是,表面看去,苏曼殊是在纵欲,实际上他却是在禁欲。这就必须仔细寻究一下他的爱情观。苏曼殊曾对情人花雪南说过这样一番话:"爱情者,灵魂之空气也。灵魂得爱情而永在,无异躯体恃空气而生存。吾人竟日纭纭(yún yún,形容多而乱),实皆游泳于情海之中。或谓情海即祸水,稍涉即溺,是误认孽海为情海之言耳。唯物极则反,世态皆然。譬如登山,及峰为极,越峰则降矣。性欲,爱情之极也。吾等互爱而不及乱,庶能永守此情,虽远隔关山,其情不渝。乱则热情锐退,即使晤对一室,亦难保无终凶已。我不欲图肉体之快乐,而伤精神之爱也,故如是,愿卿与我共守之。"他认定欲望的实现将导致爱情的失败,这个观念在他的头脑中太执著太顽固了,与美女肉袒相对,他居然也能悬崖勒马,虽说"偷尝天女唇中露"的诗句泄露了他与情人之间并非完全没有亲密接触,但他每次都能够守住最后一道防线,你就不能不佩服他具有非凡的定力。曼殊所爱的人多半是歌台曲院的风尘美女,这些在肉欲场中日夜打滚的悲苦红颜竟然三生有幸,遇着一位只谈精神恋爱的痴情和尚,也可算是难得的人间奇遇了。

十日樱花作意开,绕花岂惜日千回。
昨来风雨偏相厄,谁向人天诉此哀?
忍见胡沙埋艳骨,休将清泪滴深怀。
多情漫向他年忆,一寸春心早已灰!

曼殊上人忆东京调筝人百助枫子,作此悲歌。另有"华严瀑布高千尺,未及卿卿爱我情"、"还卿一钵无情泪,恨不相逢未剃时"、"袈裟点点疑樱瓣,半是脂痕半泪痕"和"一自美人和泪去,河山终古是天涯"的绮语和痛语,足见其深衷已为情所困,为情所伤,超越欲望的爱情一旦化成诗句,便完全不沾世间烟火气,简直赛似天外梵音。

1913年12月中旬,苏曼殊因暴食致疾,缠绵病榻,百无聊赖,在东京写信给国内的至交刘三,堪称绝妙好词:"芳草天涯,行人似梦,寒梅花下,新月如烟。未识海上刘三,肯为我善护群花否耶?"病中仍记挂着那些红火坑里的众姝,只有怜惜,只有关怀,并无一点亵玩之意。

佛家说:"色即是空,空即是色。"情禅一味原不是毫无依据。"忏尽情丝空色相","是空是色本无殊",这多少有点像是在刀尖上跳舞,看上去很酷,却令人捏一把冷汗。八指头陀诗云:"自笑禅心如枯木,花枝相伴也无妨。"他能够做到，曼殊则无法做到，他做不到身如槁木，心如死灰。他始终都在干一件苦事：自己跟自己拔河，左手与右手相搏。"与人无爱亦无嗔"，这是他的愿望，愿望而已。有人说：近、现代三大诗僧，八指头陀堪称大明大德，弘一法师是律宗第十一代衣钵传人，他们两人均修成正果，唯独曼殊上人至死仍是一位佛祖不待搭理的花和尚，他的情禅终于妨碍了他的慧业。

苏曼殊的种种怪癖非常有名。"背人兀坐，歌哭无常"，还只是有点癫。他喜欢收集美人玉照，一如后世的李敖喜欢收集女明星的裸照，两人都是乐此不疲；他还喜欢描绘女子发髻，各型各款，见情见性。他视金钱如粪土，总是挥霍无度，在他看来，朋友的钱便是自己的钱，有时取而不告，有时借而不还，好友陈独秀、何梅士、章士钊、刘三等人均有多多领教的机会，不过朋友们知其根底，谁也不会为银钱的事与他怄气。

曼殊"以绘画自遣，绘竟则焚之"，这让许多友人深感惋惜。他为刘三画《白门秋柳图》、《黄叶楼图》，乃是自愿，不仅出于友谊，还敬重刘三的侠义之举，为邹容收殓遗骨，葬于自家黄叶楼下。他遵守然诺，为赵声画《饮马荒城图》，则是酬报死友，托人代他焚化于赵声墓前，颇有延陵季子（季札，春秋时期吴国王室成员，以贤德著称）墓门悬剑（季札守信，为践行自己内心暗许的诺言，将宝剑悬挂在徐国国君的墓前）的遗风。曼殊生性浪漫，情绪多变，对自己的画并不珍惜，旋作旋弃，一旦别人开口索画，则又变得十分矜持，轻易不肯下笔。南社好友高吹万千里寄缣（jiān，双丝细绢），请曼殊绘制《寒隐图》，尚且一再稽延，数年未能到手，其他人就只有垂涎的份了。还是《太平洋报》总编辑叶楚伧有办法，他请曼殊作《汾堤吊梦图》，也是屡索不遂。于是他心生一计，有一天，他闲谈时告诉曼殊，上海新到一批外国五香牛肉，闻香下马者不知凡几，他好不容易购得三斤，还有摩尔登糖和吕宋烟，一并放在楼上美术编辑室，曼殊有空可去品尝。曼殊听说美味在等他，就如同佳人有约，没有裹足不前的道理。他三步并作两步上了楼，叶楚伧即在他身后锁上房门，声称，曼殊若不完成《汾堤吊梦图》，就别想出来。有美食，就有好心情，有好心情就有灵感，绘一幅画又有何难？香饵能钓大鲈鱼，叶楚伧果然得计。

曼殊豪于饮而雄于食，过于贪图口福，尤其喜欢饮冰水，吃糖果和五香牛肉，朋友们戏称他为"糖僧"和"牛肉大师"。他的观点是：酒肉穿肠过，佛祖心中坐，于精神毫无妨碍，我空，人空，宇宙空，今日之美食，不过是异日之尘埃，不吃白不吃。然而暴饮暴食损坏肠胃，最终要了他的命。

"舞低楼心杨柳月，歌尽桃花扇底风"，吃花酒要就要这般情境和氛围，别人多半是醉翁之意不在酒，曼殊则不仅满足于秀色可餐，还放开肚量，将各种美味吃到盘碟见底。柳亚子回忆道："君工愁善病，顾健饮啖，日食摩尔登糖三袋，谓是茶花女酷嗜之物。余尝以芋头饼二十枚饷之，一夕都尽，明日腹痛弗能起。"曼殊对性欲的控制力堪称天下第一，对食欲的控制力则堪称天下倒数第一，他写信给柳亚子，信中谈及自己病中贪食，颇为诙谐："病骨支离，异域飘零，旧游如梦，能不悲哉！瑛前日略清爽，因背医生大吃年糕，故连日病势，又属不佳。每日服药三剂，牛乳少许。足下试思之，药岂得如八宝饭之容易入口耶？"在寄给另一位朋友的信中，他也将自己那副饿纹入口的老饕（tāo，贪食者）相活写如画："月饼甚好！但分啖之，譬如老虎食蚊子。先生岂欲吊人胃口耶？此来幸多拿七八只。午后试新衣，并赴顺源食生姜炒鸡三大碟，虾仁面一小碗，苹果五个。明日肚子洞泄否，一任天命耳。"他明知多食伤身，仍然对各类佳肴欲拒还迎，照单全收，这真有点"瘾君子"不怕死的劲头了。

有一次，曼殊去易白沙处作客，宾主相谈甚欢，到了吃饭的时候，易白沙用中餐款待他。好家伙，曼殊真是肚量惊人，总共吃下炒面一碗，虾脍二盘，春卷十枚，还有许多糖果。易白沙以为曼殊手头拮据，多日挨饿，才会这样狼吞虎咽，便邀他明天再过来坐坐。曼殊连连摇头说："不行，吃多了！明日须病，后日亦病。三日后当再来打扰。"

鲁迅对苏曼殊的诗文评价很高，对他一团糟的个人生活则不表恭维："黄金白银，随手化尽，道是有钱去喝酒风光，没钱去庙里挂单。"曼殊去世前一两年，在东京十分落魄，有时竟会典当掉剩余的衣服，赤条条不能见客。这种有钱时饱撑一顿，无钱时饿瘪数天的生活方式，简直就是玩忽生命，调侃死神，结果折腾出大病来，终于宣告不治。

"不可无一，不可有二"的苏曼殊，无疑是天下第一多情种子，也是天下第一伤心词客，其诗篇，十之八九都是和血和泪写成，绝非无病呻吟。有时，我不免觉得奇怪，以其多愁多病之身，天既未假其年，人又常沮其意，他却留下了那么多优美之极的诗词、小说、绘画和译著，还编纂出一部厚厚的《梵文典》，若非大智大慧，怎能成就？大学者马一浮曾对苏曼殊作十六字评语："固有超悟，观所造述，智慧天发，非假人力。"堪称精当。真是可悲可惜，"千古文章未尽才"，"才如江海命如丝"，又掉入了一个天嫉多才的老套子。对于早熟的天才，上帝收割的镰刀确实要来得比平常更快，这一避无可避的自然规律横亘在曼殊眼前,他无法逾越。

  春雨楼头尺八箫,何时归看浙江潮?
  芒鞋破钵无人识,踏过樱花第几桥?

  怎么会无人识呢?曼殊上人一袭袈裟,逾越数十度春秋而来,正是西湖天心的朗月,水心的皓月,可望而不可即,那出尘之姿,纵然丹青妙手,也难描画。

图书在版编目(CIP)数据

高僧/王开林著. —上海:复旦大学出版社, 2013.8
(微阅读大系·王开林晚清民国人物系列 2)
ISBN 978-7-309-09839-6

Ⅰ.高… Ⅱ.王… Ⅲ.僧侣-人物研究-中国-近现代 Ⅳ.B949.92

中国版本图书馆 CIP 数据核字(2013)第 151085 号

高僧
王开林 著
责任编辑/李又顺
复旦大学出版社有限公司出版发行
上海市国权路 579 号 邮编:200433
网址:fupnet@fudanpress.com　http://www.fudanpress.com
门市零售:86-21-65642857　团体订购:86-21-65118853
外埠邮购:86-21-65109143
山东鸿杰印务集团

开本 850×1168　1/32　印张 6.375　字数 101 千
2013 年 8 月第 1 版第 1 次印刷
印数 1—4 100

ISBN 978-7-309-09839-6/B·474
定价:20.00 元

如有印装质量问题,请向复旦大学出版社有限公司发行部调换。
版权所有　侵权必究